PERCI LLAWN POBOL

Perci Llawn Pobol

Casgliad o Ganu Beirdd Gwlad y Preseli a'r Cylch

Golygydd: Eirwyn George

Argraffiad cyntaf: 2016

ⓗ Gwasg Carreg Gwalch

Rhif rhyngwladol: 978-1-84527-564-8

Mae'r cyhoeddwr yn cydnabod cefnogaeth ariannol
Cyngor Llyfrau Cymru

Cynllun clawr: Sion Ilar

Cyhoeddwyd gan Wasg Carreg Gwalch,
12 Iard yr Orsaf, Llanrwst, Conwy, LL26 0EH.
Ffôn: 01492 642031 Ffacs: 01492 641502
e-bost: llyfrau@carreg-gwalch.com
lle ar y we: www.carreg-gwalch.com

DIOLCHIADAU

Dymuna'r golygydd ddiolch yn ddiffuant:

i'r beirdd i gyd am eu cefnogaeth
a'u caniatâd i gyhoeddi'r cerddi;

i deuluoedd y beirdd ymadawedig am yr un gymwynas;

i Maureen am deipio'r casgliad gyda'i gofal arferol;

i Wyn Owens am y llun ar gyfer y clawr;

i Myrddin ap Dafydd am ei anogaeth a'i barodrwydd i
gyhoeddi'r gwaith ac am ei gyfarwyddyd
wrth ddwyn y cyfan i olau dydd;

i Wasg Carreg Gwalch am argraffwaith glân a chymen.

Cynnwys

Englynion Cyfarch

8

Englynion Coffa

Englynion Gweinidog ar Daflenni Angladd

Englynion Amrywiol

Rhagair

Detholiad o ganu gwlad beirdd gogledd-ddwyrain Sir Benfro a rhan o orllewin Sir Gâr yw *Perci Llawn Pobol*. Dalgylch papurau bro *Clebran* a'r *Cardi Bach*. Cerddi i gyfarch pobol ar wahanol achlysuron, cerddi coffa a cherddi yn ymwneud â rhai o ddigwyddiadau nodedig ac anarferol y filltir sgwâr sydd yma'n bennaf. Cerddi syml, uniongyrchol eu mynegiant, y gellir eu deall a'u gwerthfawrogi ar un darlleniad. Mae yma waith beirdd gwlad o'r iawn ryw – pobol ddi-goleg yn mynd ati'n achlysurol i ganu am ddigwyddiadau yn eu cynefin, a hefyd waith beirdd mwy profiadol sy'n cyflawni swyddogaeth y bardd gwlad mewn nifer o'u cerddi.

Er gwaethaf (neu er cystal) y dyfeisiadau diweddar ym maes technoleg, y mae'r bardd lleol yn dal yn uchel ei barch yn y gymdeithas gyfoes, a disgwyl iddo fod wrth law yn aml i wasanaethu'r gymuned y mae'n rhan ohoni. Er cymaint y trai ym myd crefydd mae'n syndod, efallai, fod cymaint o alw am emynau a Chaneuon Cristnogol newydd ar gyfer y cymanfaoedd canu traddodiadol, y Gymanfa Gyfoes a gwyliau Cristnogol o bob math. Yn yr un modd, y mae gosod cystadleuaeth cyfansoddi darn adrodd i blant yn yr eisteddfodau yn cyflenwi anghenion yr adroddwyr ifanc. Nid dibwys chwaith yw'r galw di-ben-draw ar y beirdd i gyfarch Bardd y Gadair ar lwyfan yr eisteddfodau a chystadlu yn nhalyrnau bach y papurau bro i ddifyrru'r gynulleidfa. Tybed hefyd a oes yna unrhyw gymdogaeth arall yng Nghymru gyfan gyda chymaint o gerddi comisiwn wedi eu fframio ar waliau'r cartrefi?

O ran ffurf a mesur, mae'r rhan fwyaf o'r beirdd yn ymhél â'r cynganeddion, Diolch i ddosbarth Gweithdy'r Bardd yn Asgell Addysg Bellach y Preseli. Mae penillion rhydd mewn mydr ac odl yn dal yn boblogaidd o hyd, a'r *vers libre*, erbyn hyn, wedi hawlio ei lle yng nghanu'r bardd gwlad. Yn naturiol ddigon, mae tafodiaith unigryw Sir Benfro yn brigo i'r wyneb dro ar ôl tro hefyd.

Dylwn ddweud fod rhan o *Perci Llawn Pobol* wedi ennill y wobr yn Eisteddfod Genedlaethol Maldwyn 2015 am gasgliad o waith beirdd gwlad ardal benodol. Bro Cerwyn wrth odre'r Preseli oedd hi. Wrth fynd ati i'w pharatoi ar gyfer ei chyhoeddi'n gyfrol penderfynwyd estyn y ffiniau i gynnwys y dalgylch y soniwyd amdano eisioes. Penderfynu hefyd, y tro hwn, i ddethol cerddi'n perthyn i'r cyfnod 1995-2015 yn unig. Er bod nifer ohonynt wedi ymddangos mewn cylchgronau, papurau bro, rhaglenni, llawlyfrau a thaflenni angladd, y mae'r rhan fwyaf yn dod i olau dydd am y tro cyntaf.

Daw'r teitl *Perci Llawn Pobol* o gerdd Waldo, 'Mewn Dau Gae' – dyfyniad sy'n dangos yr agosatrwydd a'r cydweithio mewn ardaloedd cefn gwlad.

Eirwyn George

I Mair Garnon James

(Ar ei hymddeoliad fel ysgrifenyddes Apêl Glyn Nest)

Mair Garnon, merch y glannau a chri'r gwylanod,
Bwriodd ei gwreiddiau'n gynnar yn Llan'doch ei chrud,
Mae bwrlwm afon Teifi yn ei gwythiennau
A haul ei chwmnïaeth yn gynhesrwydd i gyd.

Cydio'n awenau dysg, athrawes hyd fêr ei hesgyrn
Drwy ddiffeithleoedd Sir Benfro yn cyfeirio ei cham,
Cannwyll i loywi'r Gymraeg ar acenion y dosbarth
A grym ei sirioldeb yn pefrio yn ei fflam.

Brenhines digrifwch ar lwyfan nosweithiau llawen,
Cyfarwydd y cylchoedd cinio a Merched y Wawr
Yn cydymdeithio â'r sipsiwn yn ei darlithiau:
Troi tudalennau *Ti'n Jocan* yn chwerthin mawr.

Llawforwyn y Gwaredwr mewn storm a hindda
Yn nithio'r Efengylau ym mhulpudau'r Ffydd,
Procio'n cydwybod, rhoi hwb i'n calonnau
Wrth ddangos yr Iesu ei hun yn ei wisg-bob-dydd.

Eistedd yn dawel-fyfyrgar ar fainc yr ynadon,
Gwrando ar esgus gwan, neu dystiolaeth gref,
Gweld tynged plant dynion ar glorian y doc yn pendilio,
Gweld efrau 'mysg ŷd y wlad, gweld llaid ar balmentydd y dref.

Cartre Glyn Nest oedd faban mwyn ei mynwes,
Bu'n torchi'i llewys i ledaenu'r Apêl
I'w ddiogelu'n aelwyd glòs i'r henoed
A hynawsedd ei hymroddiad yn un â'i sêl.

Bellach, a hithau'n gorffwys ar ei rhwyfau,
Nid oes na ffin na phall i'n diolchiadau.

Eirwyn George

I'r Parchedig Ddoctor Cerwyn Davies

(Ar ei ymddeoliad fel gweinidog eglwysi Bro Cerwyn)

Daeth atom law yn llaw â Ha' Bach Mihangel,
Yr haul yn ei lygaid, a'i wyneb yn wên i gyd,
Ei hiwmor fel awel iach yn cynhesu'n calonnau,
A grym ei ymroddiad yn ein tynnu ynghyd.

Esgyn i bulpud y Gair yn addoldai'r bryniau,
Ei barabl mor glir â'r ffynnon, a'i galon ar dân
Yn siglo'n meddyliau, yn bathu storïau,
A'i lais melodaidd yn dyblu a threblu'r gân.

Brawdoliaeth sgwâr Tufton roes ffagl i gannwyll ei yrfa,
Glyn-nedd a Chasllwchwr a Hwlffordd fu'n cynnal y fflam,
Cyn iddo droi'n alltud herfeiddiol ym mharthau Toronto,
I gynnal y gannwyll yn olau yn Heniaith ei fam.

Dychwelyd yn lifrai'r Gwaredwr i'w hen garreg aelwyd
I estyn cortynnau'r Efengyl – a'i freichiau ar led –
Ie, darn o weriniaeth y wlad o dan glogyn ysgolor
I'n hybu, i'n hysbrydoli yng ngwinllan y Gred.

Dwyn i'r pulpud hen fenyw fach Cydweli,
Cnoi cil ar ddiwinyddiaeth ei losin du;
Dwyn Hympty Dumpty i Oedfa Basg yn Llandeilo;
Gweld Duw ar ein meri-go-rownd yn cylchdroi yn ei Dŷ.

A heddiw, yn anterth yr haf, mae'n codi ei law mewn ffárwel
I'n gadael yn dawel-ddiolchgar heb run rigmarôl,
Ond mi wranta, fod 'na garreg ateb yn rhywle'n y bryniau,
Sy'n siŵr o alw weithiau arno'n ôl.

A rhoddwn oll ein dymuniadau dyfna'
Am haul hir oes i Cerwyn ac i Nora.

Eirwyn George

Taith Rhyddid y Preseli

(Adeg dadorchuddio cofeb i ddathlu buddugoliaeth y bobol leol i
amddiffyn y fro rhag bygythiad y Swyddfa Ryfel i'w throi'n faes tanio)

Hil y gwynt! ar hynt yr awn – i gofio
    Am y gofal cyfiawn.
    Mae'r hedd lle bu'r amryddawn
    A'u ffydd rhwng mynydd a mawn.

Yn nyddiau'r aflonyddwch, – fe heriwyd
    Cyfeiriau'r tawelwch.
    Cerddwn y Parc a'i harddwch
    O drum i drum heddiw'n drwch.

Bro'r brwyn, a'r grug a'r crugiau, – y gweunydd
    A bro'r genedl hithau.
    Bro'r geletsh bia'r golau,
    Hon yw'r fro a fynn barhau.

I'th gedyrn, taith a gadwn, – hwy a'u dawn,
    Eu cam dewr a gofiwn.
    I'th geidwaid plinth a godwn,
    Doed yr holl wlad i'r lle hwn.

Nid defaid ond eneidiau – a fegir
    Wrth fagwyr y bryniau.
    I Dduw, mae'n rhaid ufuddhau,
    Nid i gennad y gynnau.

Mae yngan ger Croes Mihangel – heddiw
    Am heddwch, nid rhyfel.
    Hyd Fwlch-gwynt draw'n yr awel
    Daw inni falm dan y Fwêl.

Wyn Owens

Cylch Cerrig Gors Fawr

Ar gomin y gylfinir
Dan y garn, mae darn o dir
Gwastad, ac yno gofadail
Criw a saif yn sicr eu sail.
Er yr hin, myn rhain barhau,
Arhosant drwy yr oesau
Yn ddifraw distaw dystion
I fyw'r hil yn y fro hon.

Yn ein hoes, ni wyddwn ni
Y manion am y meini,
Hwy fu'n cwrdd o fewn y cylch,
Ymgom y plant o'u hamgylch,
Am eu ffydd am hirddydd haf
A'u gwewyr pan ddêl gaeaf,
Ac weithiau'r dyddiau diddan
Fel un llwyth a'u tanllwyth tân.

Mae 'na awch i ddod mewn hid
I'w neuadd ddigyfnewid;
Clebran a llafarganu
Am a fydd ac am a fu;
Genethod yn dod i oed,
Meibion yn cyrraedd maboed,
Y rhai bach sy'n dod i'r byd
Eu twf, a'u myned hefyd.

Daw'r ias pan fentraf am dro
I'r fan, a phrofi yno
Yn ei mawn, wefr y mynydd
A'r duw sy'n cysegru'r dydd.
Daw naws eu henfyd yn ôl,
Ynni lleisiau'r gorffennol
Hen lwythau neolithig.
Man trist ydyw meini trig.

Hen offeiriad a'i bader,
Mor hir mae'n syllu i'r sêr.
O'r cylch, daw truan i'r 'côr'
O'i gell i'r garreg allor.
Am eiliad, dyma welwn
Yn oesau trais y tir hwn,
Erwau brad ein cyndadau,
Oriau braw ein hirbarhau.

Y mae mwy i'r cylch mi wn,
Mesur o bob emosiwn
Ac alaeth cenedlaethau
A'u ffydd sy'n cael ei goffáu,
Ac mae'r cromosomau sydd
O'm mewn, fel hil y mynydd
Yn dwyn awch i'm denu'n ôl
Ger y ffin â'm gorffennol.

Eifion Daniels

Cwmdogion

We neb yn debyg i Dai Nant y Cnu
Am dorri cwysi mewn mawnog ddu.
Wa'th faint fydde'r oledd, fe roie ffeit
I droi y cwysi i gyd yn streit.
We'r dynion yn dwad o bellter deiar
I weld y cwysi, hyd nod y sgweiar.
Un gwledig, clefer, fel na we Dai
Yn enjoyo byw yn y mwt a'r clai;
Ond os byddech chi'n moyn gwbod ble ma'r Caribî
We naws i chi ofyn i Dai Nant y Cnu.

We neb yn debyg i Wil Cefen Bras
Am godi helem neu weitho das.
We bob un helem yn gwmws run siap,
Wedd e'n dechre mor gymen, yn cwpla whap.
We'r dynion yn stopo i ddrichid a staro
I weld yr helmi we Wil wedi weitho.
Un deche â'i ddwylo o hyd we Wil,
Heb air o'i ben, yn sobor o swil;
Ond os byddech chi'n moyn gwbod ble ma'r Atlantig glas
We naws i chi ofyn i Wil Cefen Bras.

We neb yn debyg i Jac Hendre'r Glaw
Am blygu perthi a shafo claw'.
Stim ots pa siap we'r drain yn tiddu,
We'r brige i gyd yn gorwe'n deidi.
A'r cloddie'n tiddu mor dew a chymen
Yn ddigon o drwch i stopo whannen!
Fe base neb heibio'r Hendre fel strac,
We rhaid aros i ddrichid ar gloddie Jac;
Ond ble mae Greenland a'i rhew di-ben-draw?
We naws i chi ofyn i Jac Hendre'r Glaw.

We neb yn debyg i Jim Pwll y Whermod
Am ddarllen y *Times* ar ddachre bob diwarnod
Gan anghofio'r cwbwl, a cholli'r lori la'th,
'Peidwch becso bois, fe alle fod yn wa'th'
Wede'r hen foi yn eitha jecôs
Gan ddrichid ar atlas ar ganol y clos.
We annibendod Jim yn siarad i'r fro,
A we shifftyn o job yn neud y tro;
Ond ble mae'r Etna, a'i dân yn gawod?
Fe allwch fentro'ch pen, ma Jim yn gwbod!

Reggie Smart

I Gyfarch Anna yn Ddwy Oed

Angyles o negesydd – yn dyner
    A'm dena o'm hwyrddydd
    I rannu'r hwyl; torri'n rhydd
    O boen blinderau beunydd.

Os cynnes ei hanwes hi,
    Ei gwên sy'n llawn drygioni;
    'O diar' ei llefaru
    Yn wichian taer o gylch tŷ.

Wedi sbel o dawelwch,
Wele'r stôr o'r drôr yn drwch:
Yn bentwr iddi dwrio
A'u troi a'u trosi'n eu tro.
A 'Miss' fach yn bustachu,
Ond ofer ei hadfer hi.

Yn ir ar lannau'r Weryll
Dan y coed ymdonnai cyll
A'u brigau fel badau bach
Yn troelli'n strim-stram-strellach;
Hithau â bloedd afieithus
Yn dilyn y brigyn â brys
I'w godi o'r lli â'i llaw,
A'i estyn i'w rhoi'n ddistaw
I'w mynwes, a'i anwesu.
Yna gwên: 'I ti Mam-gu.'

Ar y traeth coleddu'r tro
I weled, ac i wylio
Epil y mil gymylau:
Y cadno yn ffoi o'i ffau,
Y broga ar ben brigyn,
Cwningod a'u gwasgod gwyn . . .

Mor danbaid ei llygaid llon
Yn gwylio'r holl ddirgelion.
Pob tirwedd yn rhyfeddod
A'i 'Waw' byw y mwya'n bod.

Yn ei hafiaith mae'i hiaith hi,
A'i hystum sieryd drosti,
Ac os gau'r geiriau i gyd
O'u hangerdd nid oes d'engyd.
Gyda'r wawch: 'Mam-gu drycha' –
I'r llaid ag un naid. 'O na!'
Wedi'r cwymp y daw campau
A'i hoen hi i lawenhau.
Y goflaid fendigaid fydd
Yn einioes ac awenydd.

Trysor ac angor yn un – i gadw
    Y gadwyn amheuthun:
    Y rhodd a ddaw o'r gwreiddyn
    I nacáu angau ei hun.

Rachel James

Cwlwm

(*I Nhad*)

Un llun ym mhlith hen luniau, – un wyneb
  Yng nghanol wynebau,
  Un wedd ar hyd y dyddiau,
  Ac un mewn llun sy'n pellhau.

Er dyfal ymbalfalu, – er turio
  Er chwilio a chwalu,
  Ni lwyddaf i'th goleddu
  Gan nad oes ond gwyn a du.

Yng nghysgod y cysgodion, – i eraill
  Yr erys atgofion;
  Nid oes lleddf, ac nid oes llon
  I minnau, dim ond manion.

Gaf i rannu awch dy gyfrinachau,
A thithau'n dod drwy'r gawod o'th gaeau,
Llafur cynhaeaf dan ormes hafau,
A rhew'n gafael yn oerni gaeafau?
A ddaw ôl dy feddyliau – a'th fywyd
I roi am ennyd wewyr i minnau?

Oferedd yw fy aros
Am olau yn oriau'r nos.
Mewn stormydd, mewn tywydd teg,
Geiriau'n unig ar garreg
Sy'n aros; ond synhwyraf,
Er y rhew, er trymder haf,
I ninnau rannu unwaith
Oriau dwys troadau'r daith.

Terwyn Tomos

Gwennan

(Wyres fach y Parchg Aled Gwyn a'r diweddar Menna Gwyn)

Gwanwyn yn llathru'r llethrau.
Haul yn euro erwau Ebrill
gan alw'r blagur boliog i awr yr esgor
a'r ffridd i ffrwydrad o fflur.
Cymylau diniwed plentyndod
yn hwylio'n araf, braf,
dros y glesni di-donnau.
Cymylau pitw, gwlân-cotwm –
tebyg i gamel neu gastell, medde hi,
o'i dychymyg pumlwydd.
Cymylau di-law, heb ollwng un dafn
i dorri ar draws dawns y dyddiau.
Gwawr y gwanwyn yn ei gwallt,
a gobaith gwanwyn yn ei gwên.
Traed bach prysur yn llamu llwybrau lledrith.
Dwylo del yn dal y dydd
a'i dwmlo i'w dibenion.
Breichiau cariadus yn cordeddu
fel gwyddfid persawrus
am wddf a chalon.
A chordial oedd ei chusan hi.
Ei dagrau fel gwewyr y gwlith
ar ruddiau lili wen y grog.
Darn o'r haul oedd hi –
yn gynnes, yn garedig, yn gyforiog,
yn gariad i gyd.
Gwynfyd ein gobeithion gwiw –
Ein gwanwyn ydoedd Gwennan.

Rhwygodd y rhew ein rhosyn,
plyciwyd y petalau pur,
cymylau'n crynhoi
i ddripian eu dafnau didostur

ar dristwch y dyddiau;
gan gladdu'r gwanwyn
mewn bedd bychan, petryal
cyn ei chweched haf.

Ni ddaw gwanwyn heb Gwennan.

Rhoswen Llewellyn

Cofio Jennie Howells

Menyw bitw, bitw fach
mor sionc â'r sioncyn gwair,
yn ei helfen ar gewn merlen,
yn didoli'r ŵyn ar y llethre
a tholach y cŵn ar y clos
â'u tafode'n llyfedu wedi'r crynhoi
ar gyfer y gnaif.

Menyw bitw, bitw fach
yn gawres ymysg gwrywod,
cydio mewn gwellaif, estyn pinshwrn,
yn glustie parod a llyged direidi,
yn unwedd â phoeri a rhegi'r
chwedleuwyr chwys drabŵd
dan yr haul cras.

Menyw bitw, bitw fach
mor hael â'r eithin
wrth rannu'r enllyn
yn sŵn swae grafishgin,
y tynnu clun a'r raldibŵ,
gan arllwys peth yfed y stên
nes dele bola'n gefen.

Menyw bitw, bitw fach
â'i llef yn gadarn
dros ryddid y preiddie
rhag magle'r magnele
yn rheibio'r canrifoedd maith,
yn sarnu'r gymdogaeth glòs,
yn yfflon jibidêrs.

Menyw bitw, bitw fach
â'i llais ar lwyfan
yn corlannu cryts a chrotesi
i adrodd pishys a chanu alawon,
i gynnal yr hen ddefode,
cyn tynnu cledd ar ysgwydde
bardd y brynie.

Menyw bitw, bitw fach
â'i ffydd yn holbidag,
yn ei lloc ar Sul y cymun,
canu emyn a phorthi pregeth
â'i gruddie cyn goched â'r gwin;
bugeilied Fwêl Fedde
a Fwêl Golgotha'n un.

Hefin Wyn

Credwch Neu Beidio

(Golwg ar rai o goelion ac ofergoelion yr ardal)

(1)
Pan fo'r gath yn golchi'i chefen
Ac yn cosi'i thrwyn â'i phawen,
Cymer sylw, a bydd barod,
Mae ymwelwyr ar fin dyfod.

(2)
Llenwi'r tegell gan anghofio
Rhoddi'r caead yn ôl arno,
A bydd rhywun hoff o baned
Cyn bo hir drwy'r drws yn cerdded.

(3)
Gyrru i'r oed heb fawr o drwbwl,
Gweld lloer ifanc yn y cwmwl,
Gwybod, cyn i'm gyrraedd ati,
Fod fy seren wedi sorri.

(4)
Mynd i briodas merch y Brwynant,
Gweld cath ddu yn croesi'r palmant,
Gwybod, er bod Gwen yn gecrus,
Y byddai hon yn briodas lwcus.

(5)
Os daw heibio ddwy bioden
Tua'r aswy'n codi aden,
Boed hi'n haf neu'n glamp o aeaf,
Fe ddaw anlwc ar dy warthaf.

(6)
Os dy fwriad yw priodi,
Cael gwraig dda yn gymar iti,
Myn i'th law, cyn cyrchu'r allor,
Sbrigyn o'r ffawydden gopor.

(7)
Os ei mewn i gartre rhywun
Am ryw awr o glonc a chlebran,
Cofia, rhag cael anlwc wedyn,
Mai'r un drws a'th ddwg di allan.

(8)
Os mai'r cynta' ar Ddydd Calan
Ddaw i'th gartre di fydd *bachan*
Du ei wallt, bydd fwy na bodlon,
Fe gei flwyddyn llawn bendithion.

(9)
Os oes rhaid i ti wnïo
Ar y Sul, rho'r siswrn heibio,
Neu, bob dydd o'r wythnos wedyn
Bydd y diafol yn dy ddilyn.

(10)
Pan fydd lleuad newy'n gorwe
Ar ei chefen rhwng cymyle
Dwed hen goel ei bod hi'n gafan
I ddal dŵr rhag llifo allan,
Ac am fis, fe allwch fetio
Y bydd Siôn y glaw yn cuddio!

Y Tywydd

(1)
Haen o darth ar hyd Cwm Teilo
Gyda'r bore yn ymlusgo,
Codi, a diflannu wedyn
I ddwyn diwrnod braf i'w ganlyn.

(2)
Sŵn y trên ar gledrau'r Gelli,
Cyn bo hir, bydd glaw'n gwreichioni,
Dilyw, neu gawodydd gwamal,
Nid oes dewin all eu hatal.

(3)
Machlud haul yn cochi'r wybren
Neu Foel Dyrch dan gap o nudden
Gyda'r nos sydd yn darogan
Bore ffein – am ddiwrnod cyfan!

(4)
Dyddiau braf a'r haul ar gynnydd,
Cnydau'n tonni ar y meysydd,
Os daw'r crechy i fyny'r afon
Fe ddaw'r gawod ar ei hunion.

(5)
Sŵn rhyw danchwa'n siglo'r awel
Ddechrau haf ar fore tawel,
Ffrwydron cwar Garn-wen o'r pellter
I'n rhybuddio – mis o sychder!

(6)

Pan for clêr yn brathu'n enbyd,
Pan fo'r gwartheg yn gwrychennyd,
Pan fo'r haul yn marw'n felyn,
Fe fydd tywydd gwlyb yn dilyn.

(7)

Pan fo'r brain yn nythu'n uchel
Yng nghanghennau coed Pantithel
Fe wŷr ffermwyr bro Talmynydd
Y cawn haf heb fawr o stormydd.

Eirwyn George

Craig yr Oesoedd

(Nan James, Oernant, Rhoshill)

Eistedda'n hir, yn gweu,
ar y sgiw ger yr aga gwyn.
Dyma'i byd, y dyddiau hyn;
yn wên o hyd, sach bo'i chorff
yn gweiddi'i gwendid.

Bu'n gryf, slawer dy':
llond braich o gyhyrau'n
brwydro â baw
a bywyd, a byth yn methu.

Beth yw'r ots os yw'r castell o gnawd
yn furddun erbyn heddi?

Ynddi mae hanes
yr holl genedlaethau
o gneifio a godro,
a gweithio a
gweithio
i grafu dwy geiniog ynghyd,

ac yn saff ym manc ei meddwl
mae stôr o aur hen eiriau'n
dal i sheino.

Mae cysur i bawb
yng ngwres y dwylo
sy'n clymu'r teulu'n
dynn fel 'dafe',

ac mae creithiau dwfn y croen yn tystio
fod pwl bach o chwerthin
yn concro amser.

Iwan Davies

I Des Davies ar ei ymddeoliad fel Warden Asgell Addysg Bellach y Preseli

Gyda sêl ac arddeliad – yn dy faes
    Di-fai dy gyfraniad,
     Yn y Wern boed it fwynhad
     I ddilyn d'ymddeoliad.

Cei fynd i Lydaw draw am dro – a byw
    Bywyd heb brysuro
     O le i le. Dim tali-ho!
     Am lwc. Fe gei ymlacio.

O swydd ddoe, cei hoe, cei hwyl – ac oriau
    Heb bwyllgorau'n disgwyl,
     Daeth adeg y bydd egwyl,
     Y dyddiau i gyd fel dydd gŵyl.

Wyn Owens

I Jill yn 40 oed

Gŵyl Fihangel a welwn
Yn euro'r allt a'r tir hwn
A'i gnwd aeddfed ym Medi.
Heddiw daeth dy ben-blwydd di
Yn ddeugain oed, un ddygn wyt,
Un dda dy sioncrwydd ydwyt.
Deugain oed dy egni yw,
Deugain ar adain ydyw.

Yn ein bro rwyt gantores
Yn dy nwyf mae dawn O wês!
Swynol lais a una lu,
Ti yw alaw ein teulu.
Denu cân o'r piano,
Trwy roi'i hun i'r gainc ers tro.
Gwiw yw ffordd dy gyffyrddiad,
Nodau cain yn ddinacâd.

I'th deulu di yn Lluest
Ni phaid dy ofal a'th ffest,
A thriw wyt fel athrawes
Yn rhoi llaw i'r plant er lles.
Hen werthoedd it a berthyn,
Yno'n dy swydd nid oes un
Ffens na sialens nôl y sôn
Yn ormod it yn Hermon.

Doniau gwir yn gywir gest
I liwio mur dy Luest
A gardd ymhlith yr harddaf
Yw'r lawnt werdd ar lannau Taf.
Pob hwyl it, y gŵr a'r plant,
Dedwyddwch fo dy haeddiant
Yn eu mysg fel gwraig a mam,
Y Farged Jill gywirgam.

Wyn Owens

Bardd Awen Teifi

(I gofio Reggie Smart)

Beth ddaeth o'r wyneb oedd yn llawn anwyldeb
Ar drothwy'r drws, a'r chwerthin iach
Wrth bwyso'r byd a'i bethau?
Tynnai o hyd at werthoedd bro ei wreiddiau
Wrth odre'r Frenni Fach,
A'i lygaid byw yn fwrlwm o ddoethineb.

Y llais a droes ei dasgau ar y Talwrn
Yn delynegion hardd;
Rhoi min a sbonc mewn mydrau,
Rhoi poen dan groen delweddau
Wrth fyrddau Gweithdy'r Bardd,
A'i grebwyll craff yn crafu hyd yr asgwrn.

Â'r salmau'n gloywi'n ei gof, yn hedd y Suliau
Cerddai drwy borth y llan
I blygu glin i Grëwr ei fendithion –
Y Duw fu iddo'n gyfaill mewn treialon.
Bu'n driw i'w ran
I gadw'r fflam i losgi rhwng y muriau.

Di-rym yw'r bedd. Weithion rwy'n dal ei gwmni
Fin nos ar lwybrau'r Sân.
Wrth wylio llanw'r don yn torri'n deilchion
A'r elyrch yn pendwmpian ar li'r afon
Ni fedraf ddianc byth rhag ias ei gân.
Y gweld a welodd ef ar lannau Teifi.

Eirwyn George

I Gyfarch Ymwelwyr

(Cyfarfodydd Undeb yr Annibynwyr yn Sir Benfro)

Iachâd i'r cnawd, waeth beth fo'r hin,
    Yw croesi'r ffin i Benfro,
Mae glannau Gwaun, o'r Foel i'r Cwm,
    Yn fwrlwm byw o groeso.

Cewch droedio hedd hen lennyrch hud
    Drwy fyd y Mabinogi,
A blasu balm yr awel rydd
    Ar gernydd y Preseli.

Bydd Gwesty'r Bae a'i fyrddau da
    Yn difa eich blinderau,
Gweld lliwiau'r môr, gweld llanw'r don
    Yn drochion ar y creigiau.

A down ynghyd i'n hadfywhau
    I gario iau'r treialon,
Dinoethi'r Gair, a rhoi mawrhad
    I Geidwad ein bendithion.

A chlywch, rôl canu'n iach i'r Ŵyl
    A hwyl y cynadleddau,
Bydd eto ddarn o'r garn a'r traeth
    Yn gaeth yn eich calonnau.

Eirwyn George

Beth yw Gwaith Pregethwr Heddi?

(Cyfansoddwyd ar gyfer y Cyflwyniad 'Annibyniaeth y Bryniau')

Beth yw gwaith pregethwr heddi?
Anodd dweud mewn gair, rwy'n ofni,
Ond fe geisiaf 'nawr gofnodi
Rhai o'i ddonie dirifedi.

Dawn i ddenu plant 'da stori,
Rhaid cystadlu â'r teledu;
Dysgu côr cydadrodd wedyn,
Meim neu ddrama fel bo'r gofyn.

Trefnu angladd, trefnu priodas,
Sgwennu rhaglen, gwneud cymwynas;
Oddi cartre'n fynych, fynych,
Yn ôl Mari a'i sbieinddrych.

Mynd i'r 'sbyty i weld Beti,
Hithe'n adrodd yr holl stori,
Adre'n frysiog, seino 'wyllys,
Cwrdd deconied – arbed creisis.

Rhaid bedyddio pob rhyw fabi
A mawr ganmol y rhieni
Boed hwy'n ffyddlon neu'n annheilwng,
Call bob amser yw ymostwng.

Beth yw gwaith gweinidog, felly,
Pan nad ydyw yn pregethu?
Bod yn was i bawb a phobun –
Onid ef yw gwas y Duw-ddyn?

Nest Llwyd

Ryan John yn 80 oed

(Darllenwyd yn y Cyfarfod Dathlu)

Yn Rhos-y-bwlch y'i ganed
Yn un o fois y wlad,
Gwerinwr gwerth ei halen
O gopa'i ben i'w dra'd.

Yn ysgol fach Maenclochog
Fe'i rhoed ar ben ei daith,
A gadael, nôl yr hanes,
Yn fachgen cryf, llawn gwaith.

Coedwigwr ydoedd Ryan,
Un cydwybodol iawn,
Bu'n deyrngar i'w gyflogwr
Am ddeugain mlynedd lawn.

Os dewch chi i'r cyffinie
Ar dagu ishe drink,
Fe'i gwelwch falle'n gweini
Ym mar y Tafarn Sinc.

Os byth mewn cyfyng gyngor
Ewch ato yn ddi-ffael,
Does neb mwy siŵr o'ch helpu
Na chymorth gwell i'w gael.

Mae'n job i weled Ryan
Heb offer yn ei law,
Mae'n fishi ym mhob tywydd
'Da'i whilber, caib a rhaw.

Gall droi ei law at bopeth,
Does ganddo funud sbâr;
Mae wrth ei fodd yn cwcan
Yng Nghaffi Bach J.R.

Os ewch chi heibio'i gartre'n
Y Stryd, a galw i mewn,
Cewch glonc gwerth chweil 'da Dilwen,
Y wraig sydd iddo'n gewn.

A phan fo grisiau'r Teras
Yn blocio gan ddŵr glaw
Daw Ryan yn ei oilskins
I'w droi i'r pant islaw.

Mae'n ased i'w gymuned,
Gŵr dibynadwy yw,
Allweddol, amhrisiadwy,
Mae'n ffyddlon ac yn driw,

Mae'n gamster o arweinydd,
Un cadarn a di-ffws,
Hebddo, rwy'n siŵr na fyddai'r
Datblygiad yn Rosebush.

Tystia aelodau'r pwyllgor
Fod croeso lond y tŷ,
Rhaid sychu'r botel wisgi
Cyn mynd o Number Three.

Ryan, dy rawd wyth degawd
A'n dug ni at ein coed,
Ymlaen â thi, fy nghyfaill,
I ddathlu dy gant oed.

Ken Thomas

Nodiadau
Caffi Bach JR: Y barbeciw sy'n cael ei baratoi ar y cyd
gan Ryan a Joan Nicholas ym mhentre Rosebush yn ystod
misoedd yr haf. Joan a Ryan.
Y Stryd: Yr enw swyddogol ar deras o dai a adeiladwyd
yn wreiddiol ar gyfer gweithwyr y chwarel slawer dydd.
Datblygiad: Mae Pwyllgor Datblygu Pentre Rosebush
wedi cyflawni nifer o welliannau sylweddol.

Teyrnged i Ionwy Thorne

(Ar ei hymddeoliad fel athrawes yn Ysgol Maenclochog)

Pan glywsom bod hi'n gadael
Bu rhai yn holi 'Pam'?
Ond yna daeth y newydd
Ei bod am wthio pram!

A chwarae teg i Ionwy,
Mae'n haeddu dod o'r tsain,
Pwy'n wir all ddal i weithio
O hyd ar bige'r drain?

A dyna fu ei hanes
Am ugain mlynedd faith,
Ymroddi yn ddi-atal
I holl alwadau'r gwaith.

Does ryfedd iddi oedi
Cyhyd heb Frenin Siôr,
A'i adael yntau, druan,
Am ddegawd mewn *cold store*.

Bu'n ffrind a morwyn ardal
I gadw'r pethe'n fyw,
A rhaid yw diolch iddi
Am ei chefnogaeth driw.

Atebodd alwad capel
A'r Clwb yn Llys-y-frân,
A rhoi o'i dawn cyfeilio
I hybu mawl a chân.

Wel, bendith deufyd arni
A George (a dwy fam-gu!);
A phan ddaw'r ychwanegiad
Fe ddaw i stoc o fri.

D Gerald Jones

Nodyn
cold store: Bu Ionwy a George ei gŵr yn caru am ddeng
mlynedd cyn priodi.
stoc o fri: Mae Ionwy a'i gŵr yn enwog am fagu gwartheg
Hereford pedigrî; ac Ionwy hefyd yn un o ddisgynyddion
teulu Bois y Cilie.

Y Bwtwm

(Rhywle yn Aber-porth)

Peidiwch â gwasgu y bwtwm 'na bois,
A whalu'r hen bentre yn fflat,
Ma moto beic Honda y ga'l 'da fi nawr,
A thŷ gwydyr newy 'da Dat.

Peidiwch â gwasgu y bwtwm 'na bois,
A 'nelu rhen bethe ffor' hyn,
Ma nhw'n malu fflŵr yn Llandudoch nawr,
A ma hwyed bach pert ar y llyn.

Peidiwch â saethu y pethe i'r niwl
A whalu caffi Pen-dre,
Peidiwch â sarnu'r tawelwch, bois,
Achos ma' te bach nêt yn y lle.

Peidiwch â hwthu cwmwle, bois,
Ru'n siap â'r myshyrŵms llwyd,
Peidiwch â whwthu y cacs drwy y to
A finne ar hanner fy mwyd.

Peidiwch â gwasgu y bwtwm 'na, bois,
A saethu'r hen rocets lan fry,
Peidiwch â hwthu y dwst draw ffor hyn,
Achos llyne fe baentes i'r tŷ.

Peidiwch â gwasgu y bwtwm 'na, bois,
Heb sylwi beth ichi'n ei neud,
Peidiwch â whalu y dre ar ddydd Mawrth
Cyn bo'r niws yn y *Teifi Seid*.

Gadewch y pethe i fod, bois bach,
Peidiwch ag ypseto'r hen fardd,
Jiw, ma rhosys pert 'da fi leni, chi,
A chydna bêns da yn yr ardd.

Peidiwch â gwasgu'r hen fwtwm 'na, bois,
A bwrw'r hen g'od ar 'u hyd,
Peidiwch â sarnu y pethe ffor hyn,
Ma digon o fess yn y byd.

Reggie Smart

Cyfarch Mari a Gareth ar eu priodas

Y dyddiad hwn a gofiwn pan chwalwyd tyrrau mawr
Yn ninas Efrog Newydd a gado'r wlad ar lawr,
Ond heddi, siwrne hapus, i Westy'r Cliff a'n dug,
Cael hwyl yng ngwledd briodas Gareth a Mari Grug.

Daeth e o ffiniau Hermon a'i lygaid gleision, pert,
Gan alw yma'n gyson i chwilio am ei sgert,
Yn wir i chi, datblygodd y cwlwm yn reit slic
A daeth yn rhan o'r teulu heb unrhyw ffws na thric.

Mae Mari fel rhyw beiriant yn cyson godi stêm,
Ac anodd iawn ar brydiau yw cadw yn y gêm!
Mae'n rhuthro fel rhyw gorwynt yn amal ar ei thaith
Mor slic a sionc a'i 'mini' wrth fwrw mla'n â'i gwaith.

Mae'n stori hawdd i'w deall: mae'n ddiwrnod mawr i fi,
A dathlwn hyd yr eithaf ddydd eich priodas chi.
Gwrandewch 'mhob cwr a chornel, mi ddaeth 'na fraint
                                               i'm rhan,
I drachtio y llwnc destun, sefwch, ac yfwch lan.

Cerwyn Davies

Ysgol Ffynnonwen

(sydd wedi cau)

Mae'r gwynt yn lleddf wrth amgylchynnu'r lle
Gan chwilio am y plant fu yma'n llu,
Diflastod sydd yn sŵn y glaw o'r ne'
Wrth ofyn ble mae'r chwerthin iach a fu.
Mae'r haul yn ceisio denu â'i holl nerth
Y traed bach prysur i'r hen lwybrau gynt,
Mewn dryswch saif yr adar ger y berth
Heb neb i'w hannog ar chwilfrydig hynt.
Y wennol hithau'n methu deall pam
Mae'r fath dawelwch oerllyd hyd y fro,
Daeth taw ar barabl tlws y plant di-nam,
Y desgiau i gyd yn wag, a'r drws ar glo.
A chamaf heibio i'r iet, a'm bron dan glwy,
Wrth gofio'r dyddiau gwyn na ddychwel mwy.

Rhoswen Llewellyn

Capel y Graig

Ddoe,
oedfa'r Canu Mawl.

Ymbarels fel byddin yn y lobi,
yn bygwth gwlychu'r carped
mor wlyb â'r heol tu allan.

Y tŷ cwrdd yn orlawn.
Y dorf yn barod i ryfela ...
rhyfela am sedd wag.

Rhubanau, plu, a ffrwythau cŵyr
yn gartrefol ar yr hetiau pryfoclyd,
a'u lliwiau'n cystadlu
ag ysblander y ffenestri sanctaidd,

a'r camerâu ...

Camerâu teledu,
fel milwyr yn gwarchod eu tir
ond yn tynnu gwên
ar wyneb y sawl a sylla
i'w llygaid drygionus.
Yr organ fach yn poeri chwys
a'i cherddoriaeth, yn herio'r lleisiau
i siglo'r bargod.

Heddiw,
oedfa weddi,
cwrdd penglîn,
ys d'wedai datcu slawer dydd;
y seddau'n
pwyso'n drwm ar ysgwyddau
dau flaenor,
tair gwraig ... a fi.

Sylvia Rees

Rhiannon Herbert

(Ar achlysur ei anrhegu yn Hen Gapel, Maenclochog)

Gair o barch a chyfarchion – a hynny
    Gan un o'th gyfeillion.
    Rhoi yn llwyr a rhoi yn llon
    Yw dy ran di Rhiannon.

Nodau'r organ yn canu – a'i seiniau
    Yn swyno'r addoldy;
    Peraidd yw dy ddarparu
    I'n bywhau mewn dyddiau du.

Daw alaw pan ddaw'r dwylo – i rannu
    O rin y piano,
    Difesur dy lafurio,
    Diau, un o freichiau'r fro.

Nest Llwyd

I Gofio Doris Davies

(Tŷ-crwn, Llwyngwair)

Steddfodau'r oriau hirion – a Suliau
    Caersalem yn ffyddlon,
   Cymanfa a Gyrfaon:
   I'r lle a'r lle â'i yn llon.

Yn ddi-ball gwnaeth hyn a allodd, – ei hiaith
    I'r eithaf a bleidodd;
   Diwair i'r Gair a garodd,
   A byw i'w chyd-ddyn o'i bodd.

Diwyd fu hyd y diwedd, – un hynaws,
    Un hynod o sylwedd;
   Un a garodd weithgaredd
   Mwy'n ei bro'n huno mewn hedd.

Rachel James

Trychineb

(Oddi ar Arfordir Aberdaugleddau)

Angau o gylch pob dingi
A malais yn llais y lli;
Ennyd o olau leuad
O bell, yn cyfeirio'r bad . . .
Yna'r gwynt yn rhwygo'r gwyll,
A'r taw, a'r dyfnder tywyll.

Un ddawn nid oes gan ddynion
I atal dial y don.
Heddiw a'i frath oddi fry
Glaw hiraeth sy'n galaru,
A'r môr di-barch yn gwarchae'r
Fferi ar wely o wae.

Nest Llwyd

Croeso Adre

*(I'r Parchedig Gerald Jones ar ôl llawdriniaeth
yn Ysbyty'r Frest yn Llundain)*

Wedi'r pryder, priodol
I ddyn 'nawr eistedd yn ôl:
Wedi gwaeledd boed gwyliau,
Y gorau fu, i ymgryfhau
Ddydd ar ôl dydd er mwyn dod
Yn holliach wedi'r trallod.
Wedi blinder, adferiad,
Wedi adeg llesg boed gwellhad;
Wedi salwch boed solas
Diwewyr fel awyr las
Yn y Rhos, lle na bo drain,
Ond llonder wedi Llundain,
A thawelwch a theulu
A'i ofal byth – fel y bu.

Wyn Owens

Tylwyth Teg Llwyndyrus

(Gweinidog yn diolch am gymwynas)

Mae Tylwyth Teg Llwyndyrus
    Yn ddirgel ac yn gudd,
Yn gweithio wedi'r machlud
    A chysgu'n drwm drwy'r dydd,
Ymhlith eu hegwyddorion
    Mae helpu pawb o hyd,
Boed adre ar yr aelwyd
    Neu allan ar y stryd.

Aeth Huw am dro un noson
    I Ffarm Llwyndyrus draw,
Roedd Awdi Dw yn fochedd
    Dan haen o fwd a baw,
Cyrhaeddodd ddrws y ffermdy
    Gan dderbyn croeso hael,
A chyfle i gynhesu
    Er gwaetha'r tywydd gwael.

Rôl sgwrs a chlonc 'da'r teulu
    Aeth ma's i'r noson oer
I weld ei gar gosgeiddig
    Yn lân yng ngolau'r lloer!
Ie, Tylwyth Teg Llwyndyrus,
    Rhaid diolch iddyn nhw
Am weithred anweledig
    O olchi Awdi Dw.

Huw George

Mae Huw yn rhoi enw i bob un o'i geir. Awdi Dw (how do you do) yw enw'r car Audi sydd ganddo ar hyn o bryd.

Dala'r Moch Bach

(I Peter Bryngerwyn)

Aeth Peter, ffarmwr blaengar,
   I ffarm Pen-garn un tro
A phrynu pedwar porchell,
   'Fu rioed fath dali-ho.

Dadlwythwyd y creduried
   Ar lawr y clos, ond wir
Dihangodd dau o'r pedwar
   I ddechrau stori hir.

Ie, llithro rhwng ein dwylo,
   A'r ddau yn mynd ar rwsh,
Ni welwyd dim byd tebyg
   Ym mhentre bach Rosebush.

Rhuthro ar draws y crossing,
   (Lwcus na ddaeth run car),
Eu traed yn sgathru'r graean
   A'u clustiau ar eu gwar.

Carlamu heibio i'r Bwthyn
   A chwrt bach *Linden Hall*,
Anelu am y cwarre
   A ninnau ar eu hôl.

Pasio fel dwy lecheden
   Wrth dalcen Tafarn Sinc,
Er bod fy ngwddf yn gorcyn,
   Dim amser i gael drink.

Ar glos Pant-mawr fe'u gwelwyd,
    Y moch yn smelo'r caws?
Er ceisio eu cornelu
    Doedd hynny, chwaith, ddim haws.

Bellach, roedd criw o'r pentre'n
    Ymuno yn y strâch,
A'r moch yn dianc eto
    Drwy berci gwair Pant-bach.

Yn Ffynnon-fawr fe lwyddwyd
    I droi y ddau i'r dde,
Mynd dros y bont fel gole;
    Dim cyfle i gael whe.

Bi-lein, fel cath i gythrel
    At fynglo John y Mot,
Sgrialu drwy'r llyn pysgod
    Gan chwalu'r blincin lot.

O rywle fe ddaeth Yorky
    Gan ddala un o'r ddau,
Y llall yn ffoi ar garlam;
    A'n coesau ni'n gwanhau.

Troi nôl dros lawnt Pentalar,
    Dros gloddiau i ardd Volk
Cyn croesi'r ffordd fan honno
    Yn sâff, heb gael run tolc.

Fe'i daliwyd yn y diwedd,
    A'r amser yn mynd mla'n,
Yn cwtsho mewn pwll silwair,
    A phawb 'di blino'n lân.

Peter, rho glust i 'ngeiriau,
    Paid prynu mochyn 'to,
Ystyria'r canlyniadau,
    Tro nesa', pryna'r llo!

Ken Thomas

Nodiadau
smelo'r caws: Caws Cartre Pant-mawr sy'n cael ei
baratoi yn y fan a'r lle.
Yorky: Llysenw Derek King. Gŵr o Swydd Efrog yn
wreiddiol.

Y Parti

(Adroddiad i blant)

Fe gefais i fy saith mlwydd oed
    Ar Galan Mai eleni,
A chael y parti gorau erioed:
    Mae Mam yn gwc reit handi.

Roedd bwrdd y parlwr yn llawn dop,
    Mins peis, a tharten fwyar,
Ie, jeli coch, poteli pop,
    Ac addurniadau lliwgar.

Daeth plant yr ysgol i gael te,
    Derbyniais lu o gardiau,
Roedd sŵn a chyffro hyd y lle
    Wrth edrych ar bresantau.

Y plant â chap o bapur lliw
    O ddifri am y cryfa'
Yn chwarae gêmau ar y sgiw
    Cyn troi i'r ford i wledda.

Roedd Mam yn treio cadw trefn
    Wrth rannu'r gacen brydferth,
Ond, cyn iddi droi ei chefn
    Fe chwythais, a heb drafferth

Diffoddais y canhwyllau i gyd,
    Y plant yn curo dwylo,
Un 'Hwre' fawr, a phawb drwy'r stryd
    Rwy'n siŵr yn clywed honno!

Do, cafwyd parti llawn o sbri
    Am dair awr gron, ond drato!
Fe ddwedodd Mam 'Wel, yn tŷ ni,
    Ddim am flynyddoedd eto!'

Nansi Evans

Mynd ar Ddeiet
(Adroddiad i blant)

Mae Mam yn mynd ar ddeiet,
  'Sdim bwyd yn ein tŷ ni,
Wel, dim ond bwyd i'r adar
  A thun i'r gath a'r ci.

Bob bore mae hi'n pwyso,
  Sy'n bwysig iawn, mae'n siŵr,
Mae'n cyfri'r calorïau,
  Ac yfed lot o ddŵr.

Ma beic 'da hi'n y parlwr
  Sy'n safio mynd i'r gym,
Mae'n pedlo am filltiroedd
  Heb iddi symud dim.

Pan fydd hi'n mynd i siopa
  'Sdim sôn am brynu crisps,
A rydw i bron starfo
  Am hufen iâ, neu chips.

Mam fach, pam nad oes weithie
  Gig rhost yn ein tŷ ni?
Pam becso am golli pwyse?
  Chi'n drych yn iawn i fi.

Sylvia Rees

Yr Enfys

(Adroddiad i blant)

Pwy, dwedwch, yw'r arlunydd
    Sy'n dringo fry uwchben
I beintio bwa'r enfys
    Ar gynfas mawr y nen?

Tybed, ai crwt o brentis
    A'r brws paent yn ei law
Sy'n llunio'r bwa seithliw
    Pan fydd hi'n bwrw glaw?

Neu, os mai hen law ydyw
    Yn gweithio'n ôl rhyw drefn,
Paham mae'n peintio'r enfys
    Yr un saith lliw drachefn?

Efallai, am nad yw'n fodlon
    Ar waith ei law ei hun
Y mae'n glanhau ei gynfas
    Bob tro, rôl cwpla'r llun!

T Gwynn Jones

Daniel y Pant

Pwysai ei ddwylo cnotiog
   ar ei bastwn cam
â'i lygaid llwydlas yn tremio trwy'r niwl
   i gyfeiriad y gorwel,
fel petai'n gweld y tu hwnt
i'r porthladdoedd pell
   na fu erioed ar eu cyfyl.

Poerad o'r joyen o'i silfoch
   trwy groen ei ddannedd crop,
melynddu,
tra clywai gri fain y gylfinir
   a brawl bratiog y pïod môr
   y tu draw i'r Parrog ar y moryd
fel petai'n un
â'u patrwm byw tymhorol.

Troi tua thre
gan lusgo'i draed blinderus
   yn shifflshaffl ar hyd y graean gwlyb,
cyn gosod ei hun yn garlibwns gyfforddus
   ar y sgiw dderi
   wrth y pentan.

Tystiai'r hadau gwair a'r ffrwcs mân
   ar war ei got frethyn,
y staeniau drifls ar ei wasgod dolyran
   a'r olion gresh ar ei drywsus rib,
   mai dyn y tir oedd Daniel Tomos
     o'i gorun i'w sawdl.

Ond estynnai ei olygon ymhellach
    pan soniau am y morfil mawr
hwnnw yn ei hyd,
    yn ymestyn o Ben Dinas
    i Garreg y Drewi'n
    atal y teid rhag dod miwn
am ddyddie.

A Siwsan yr hwch, y bu'n rhaid
    ei llusgo i'r môr yn ei medd-dod rheibus
    a'i gadael yno yn ei chynddaredd
    nes iddi ddychryn yr holl heidiau
i'r lan.

Rhwng poerad sydyn i lygad y tân cwlwm,
ac ambell saib feichiog i gwyro'r dweud,
    ac yna oedi i ailgynnau'r bib
fel rhan o'r ddefod,
    pwy feiddiai holi am ddyddiad,
    a thystiolaeth o gadarnhad?

Wiw i'r un adyn amau ei anturiaethau,
    rhagor na mwynhau ei bleser
    yn traethu am yr amhosib
    a'r annhebygol
        a welsai ac a glywsai
        â'i lygaid a'i glustiau
ei hun,
        ac y credai y dylsai eraill
        gyfranogi
o'i ddifyrrwch.

Na foed i neb fychanu
        ei gelwydd gole,
na dieithrio ei ddawn,
        eithr cofleidier ei ddychymyg
            ac anwylder ei leferydd
                am ein cyflwyno â chof
                    wna anrhydeddu
ein mabinogi.

Hefin Wyn

I gyfarch Jestyn Edwards ar ei ymddeoliad
fel prifathro Ysgol Tegryn
(Adroddwyd gan y plant)

A gawn ninnau, nawr, gyfeillion,
Ddod â'n stori ger eich bron,
Talu teyrnged fach o'r galon
I brifathro'r ysgol hon.

Pwy fu yma am flynyddoedd
Yn rhoi addysg dda i'r plant,
Ac yn fawr ei ofal drostynt
Rhag bod neb yn rhedeg bant!

Pwy fu'n gwrando ar eu cwynion
A rhoi cyngor yn ei dro,
Ysgrifennu tysteb weithiau
Yn ôl gofyn plant y fro?

Pwy fu'n cadw gwir ddiddordeb
Ynddynt ar ôl tyfu lan,
A rhoi gair caredig weithiau
I roi hwb i galon wan?

Pwy fu'n gweithio ochr yn ochr
Ag athrawon o bob oed?
Rheiny'n deyrngar iddo yntau,
Teulu na fu ei fath erioed!

Pwy fu'n cadw cyfrinachau
Staff y gegin yn eu tro,
Weithiau heulwen, weithiau gwmwl,
Bydded hynny fel y bo?

Pwy ddaeth atom drwy bob tywydd
Lawr o Grymych, heb un stŵr?
Weithiau ar Ros Goch roedd eira,
Weithiau, ffordd Pen-lan dan ddŵr.

Pwy yn awr sydd yn ein gadael
Wedi cwpla'i ddiwrnod gwaith?
Fe orffennwyd pennod werthfawr,
Er ei bod hi'n bennod faith.

Ymddeoliad hapus ichi
Yw'n dymuniad ni i gyd,
Dyddiau diddan o hamddena,
Iechyd da, a gwyn eich byd.

Ray Samson

I Gyfarch Eirianwen Thomas ar ei Hymddeoliad o Fod yn Athrawes Ysgol Sul y Tabernacl

Â heddiw'n Sul y Mamau
Mor addas ydyw'r dydd
I ddangos gwerthfawrogiad
O un o famau'r Ffydd.
A dyna fu Eirianwen
Dros chwarter canrif faith:
A phwy ond Duw ei hunan
Sy'n gwybod maint y gwaith?

Fe'i cofiaf yn dod atom
(Run pryd â Mai a fi),
Dod yma o Rydwilym,
Hen gwm y coed a'r lli',
A diolch wnaf hyd heddiw
Na hawliwyd unrhyw ffî,
Pe bai 'na swm i'w dalu
Pwy fedrai'i fforddio hi?

Bu'n rhannu'r drysoryddiaeth,
A hybu oedfa'r Sul,
Ac nid oedd dim a'i rhwystrai
Er gwaethaf ambell ful!
Llafuriai dros Gymanfa
Nes mynd yn gras ei llwnc,
A mynnu graen o'r mwyaf
Ar raglen waith Y Pwnc.

Rhoed iddi ddawn actores
O broffesiynol dras
Yn dysgu'r plant i actio
Bob amser gyda blas,

Do, cawsom berfformiadau
Sy'n aros yn y co',
A'r neges efengylaidd
Yn taro deg bob tro.

Fel mam, o serch a chariad,
Anwylai yr holl blant,
Gan wybod sut i'w denu
I roddi cant y cant.
Ar drip a phererindod
Caem oriau heulog, braf,
A hithau yn ein tywys
Hyd draethau llawn yr haf.

Edrychai mor 'fodelaidd'
Â Catrin Zeta Jôs
Wrth gerdded mewn bicini
Drwy'r tywod yn jecôs;
Ac er ei gofal medrus
Am lun a lliw a sawr,
Rhagorach fyth, gweithredoedd
Di-ball ei chalon fawr.

Dymunwn ddiolch eto
I'r ferch o lawr y cwm,
Uno yn un gerddorfa,
(A minnau'n curo'r drwm!),
Mae Sul y Mamau'n addas
I'r deyrnged ger ein bron,
A boed i'r clod atseinio
Am lawer blwyddyn gron.

D Gerald Jones

Gwreichion

(Ar ôl i ddosbarth o blant ymweld ag efail y gof/artist enwog,
Dave Petersen)

Syrthiodd y gwreichion ar bob un ohonom
Fel fflamau Dydd y Pentecost,
A'n cipio am ennyd i fyd afreal
Hanner realiti a hanner dychymyg
Rhyw freuddwyd bêr.
Hudwyd ni drwy gyfrwng yr elfennau –
Daear, dŵr, awyr a thân,
I fyd y pumed elfen –
Byd cyfriniol y Celtiaid
Lle mae mynydd a môr,
Llannerch a llwyn,
Coed a chwmwl,
Bryn a brwyn
Yn ein clymu'n genedl
Un iaith, un dras.

Cipiwyd ni i fyd
Lle nad yw amser yn bod
Yng nghwmni'r gof/artist –
Y cawr addfwyn, meddai'r plant;
Bendigeidfran yr ugeinfed ganrif
A'i wallt yn fwng yn y gwynt.
Cawsom ein gwefreiddio,
Ein mesmereiddio
A'n lledrithio dan gyfaredd ei ddawn a'i ddysg.
'A fo ben bid bont'.
Pontiodd yntau y gofod rhwng heddiw
A'n doe Celtaidd, cyffrous,
Trwy gyfrwng gair a gordd,
Tafod a thân,
Deialog a dŵr,
Dawns a daear.

Ei ddysg yn wreichion eirias
Ar eingion y meddwl,
Ei ddawn fel gefel
Yn cydio'r dychymyg
A'n hyrddio i fabinogi ein cenedl;
Y morthwylio rhythmig
I guriad y galon,
Yn cyflymu'r gwaed
A ninnau'n martsio
Yng nghwmni Caradog
(yn las ein hwynebau)
I faes y gad
I amddiffyn tŷ a theulu
A thyddyn a tho.

Daeth hud dros Ddyfed unwaith eto
A'r Twrch Trwyth yn twrio
Trwy rug y Preseli,
A'r ddraig yn ddeinameit rhuddgoch
Yn ein tir.

Nerth ei fraich
Fel torch am ein gyddfau
Yn ei hysbrydoli
I ddrysau ein rhyddid.
A thrwy'r tawch a'r mwg
Gwelem wlad yr addewid –
Dyheadau ein doe a'n hechdoe ni.
A charisma'r cof
Yn toddi'n calonnau
Ac yn ein clymu'n
Un anadl, un cof, un byw.

Gadawsom ef yng ngofal ei angel gwarcheidiol.
(*sef cerflun o angel a wnaed yn rhodd i Dave
Petersen*)

Rhoswen Llewellyn

Hel Achau

(Yn null y cerddi dwli)

Dechreuais ryw nos Sadwrn,
O ddifri, welwch chi,
I ddod o hyd i'm hachau
Gael gweld pwy ydw i.

Aeth pethau braidd yn ddryslyd
Wrth weld y ffeithiau'n dod,
Yn ôl y goeden deulu
Sa i'n meddwl 'mod i'n bod.

Fe ges i sioc ofnadwy
Mor gynnar â dydd Llun,
I ffeindio fod fy modryb
Yn hanner whâr i'r Queen.

Nid King George oedd tad Lizzie
Ond hanner brawd tad-cu;
Rhyw hanky-panky falle
'Sha Llunden – ych a fi!

Mae hyn yn 'ngwneud i wedyn,
A'r ffeithiau'n troi fel rhod,
Yn gefnder i Prins Charlie,
A sana i eisie bod.

Aeth popeth yn gawl sgadan
Er gwaetha'r gwaith a'r ffws,
'Nôl rhester achau'r wefan
Rwy'n frawd i Dewi Pws!

Es i'r archifdy wedyn,
A 'na beth we mistêc,
Cymhlethodd hynny'r cyfan:
Rwy'n nai i Charlie Drake.

Roedd arna i ofn dal ati,
Teflais y lot i'r bin
Rhag ofn bod f'enw'n rhywle
Yn dad i bin Lad-in.

Sa i eisie coeden deulu,
Naw wfft i Drake a'r Queen,
Rwy'n ddigon bodlon bellach
Ar fod yn fi fy hun.

Ken Thomas

Maenclochog

I drem y llu twristiaid ddaw am dro
Nid wyt ond tirlun hedd a phentre haf
Yn swatio'n swil gan gysgod bryniau bro
Preseli'r graig, y grug a'r llwybrau braf.
Rhyw Dir na n-Og tu draw i ferw'r dre
I fwrw egwyl ar lan llyn a rhos
Cyn troi am adre wedi cymun te
Neu seiat hwyr dan lampau gwesty'r nos.
Ond i un Bugail gwlad fu yma'n byw
Ymysg ei braidd am chwarter canrif gron
Nid encil bwrw gŵyl, ond aelwyd yw,
Hen gartre'n dal ei afael dan fy mron.
A thir y map, a'r traddodiadau drud
Sy'n rhan ohonof mwy yn hyn o fyd.

D Gerald Jones

Baled y Mochyn Du a Gwyn

(Adeg brechu'r moch daear yng ngogledd Sir Benfro)

Du oedd lliw mochyn hen faled y fro,
Ond mochyn lliw ffrisan yw hwn er cyn co',
Mae'n byw yn y ddaear yn nh'wyllwch ei ffau
A'i aelwyd guddiedig yn magu'r dicâu.

Ie, lladdwn y gwartheg sy 'ngafael y clwy,
Does fawr o wahaniaeth eu colli hwy
Medd ffwlbri'r seneddwyr, a'u clochdar di-baid,
Ond cadw'r moch daear sy'n fater o raid!

Daeth helwyr dysgedig ar drywydd eu prae
I'w rhwydo'n ddiogel mewn coedwig a chae,
Eu brathu â'r nodwy'n y frest neu'r ben-ôl;
A'u gollwng drachefn i'w cynefin yn ôl.

Bu gwŷr y teledu'n ddi-hid o'r helfâu,
Moch ifanc yn chwarae tu allan i'w ffau
Oedd swmp y darluniau unochrog a gaed,
Dim clip o'r pesychu a'r driflio gwaed.

Mae ceidwad y genfaint ar orsedd Y Bae,
Ac na ddywed undyn ei fod ef ar fai;
Ac weithiau, os bydd ein cig eidion yn brin,
Paham na chawn facwn y moch du a gwyn?

Dywedaf air miniog yng nghlust Carwyn Jôs,
Gall frechu a brechu tresmaswyr y nos,
Eu hannog i fagu teuluoedd di-ri;
Ond cadwed hwy ma's o fy mherci i!

Ond gwrandewch, gyfeillion, rhaid arbed ein stoc
Rhag pob math o ddifrod, yn cynnwys y broc,
Cyd-unwn yn ffyddiog ym mhob cwr o'r sir,
Melltithio'r moch daear, a'u gwared o'n tir.

Ieuan James

73

Plas Maesgwynne

(Cartre teulu'r Poweliaid am genedlaethau)

Sgerbwd o feini nadd
ar drugaredd y gwynt
   sy'n chwythu o hyd lle y mynno.

Socedi'r ffenestri llydain
fel llygaid eryr yn y gwyll,
a'r to fel rhidyll fratiog
dan wawl y lloer.

Dau biler o farmor
(lle gynt y bu drws)
fel dau feddwyn ar ongl ofrosgo
yn disgwyl i'r storm eu dymchwel.

Do, clywsom am y neuadd fawr
lle bu'r tenantiaid unwaith y flwyddyn
yn eistedd o amgylch y bwrdd
i fwyta cinio rhent.
Heddiw, adar y to a'r brain
sy'n bwyta pryfed y trawstiau.

Yng nhrombil yr adfail
mae rhai o'r grisiau'n aros
lle troediai'r merched yn eu gwisgoedd melfed
ar noson y ddawns;
brigau'r coed sy'n dawnsio nawr
i fiwsig yr awel,
a'r llofftydd o dan garped
o fwswgl gwyrdd.
Hen sawr marwolaeth.

Dyma'r llwybyr
sy'n arwain i'r allt
i fynwent y cŵn hela,
a'r cerrig coffa sy'n ymguddio
ynghanol y rhedyn coch.

Dyma'r llyn
lle nofiai'r hwyaid lliwgar,
a'r lle, yn ôl yr hanes,
fu'n ddiwedd bywyd morwyn fach y plas.
Lleisiau'r gorffennol yn ias i gyd.

Etifedd y Plas:
fe'i lladdwyd ar faes y gad.
Ond, ar noson leuad lawn
daw gŵr mewn lifrai milwr
i gerdded y gerddi anial.
Ysbrydion sy'n gwrthod marw.

Daeth tro ar fyd.
Plasty dietifedd ar drugaredd y gwynt
    sy'n chwythu o hyd lle y mynno,
enwau'r byddigion
    yn gadwyn
        ar fur yr eglwys,
a chofeb benuchel o farmor gwyn
yn dyst o'r ysblander a fu.

Nansi Evans

Ar Garn Ingli

Ni chlyw, ni flasa'r graig y gwynt na'r glaw
Sy'n chwipio'r Garn, a'i grug a'r moelni serth;
Ni theimla'r niwl, na ias y rhew pan ddaw
I rwystro llif pob ffrwd a ffos â'i nerth.
A phan fydd haul Mehefin eto fry,
A glas yr awyr draw ar wyneb ton,
Ni thycia ddim – difater ydyw hi,
Heb wên na gwg, dideimlad ydyw hon.
   Ond rywbryd, rywdro, ffrwydrodd fflam ei chreu
   Yn chwa o wewyr gwynias gwyllt o'r gro,
   A tharddodd yma lif o dân fu'n gweu
   Llinynnau byw a bod trigolion bro.
Rywle yn nyfnder oer ei chalon hi,
A erys fflam o'r tân a'n ffurfiodd ni?

Terwyn Tomos

Llofryddiaeth Peter a Gwenda Dixon

(Ar lwybr Arfordir Sir Benfro)

Ynghanol tangnefedd
   a hud canrifoedd
     yn ddidrugaredd
   fe'u saethwyd,

a chwalwyd
   teulu.

Un funud
   mwynhau rhamant
   a lledrith y cread –
   blodau, clogwyni, tonnau.
Teimlo'n rhydd
   fel yr adar a garent,
   ac yn hapus
   fel y morloi
   diofal
   yn chwarae'n ddiniwed
   islaw.

Gwyn oedd eu byd
   yn gwledda ar rin
   gwylltineb oesol.

Ond, mewn un eiliad
   ddu,
   boddwyd y baradwys,
   rhwygwyd yr hedd
   hynafol,
   a drylliwyd dau enaid
   cytûn.

Hunllef wedi'r hud,
   gŵyl a hwyl
   yn arwyl.

A dau'n amddifad.

Nest Llwyd

Anrhydeddu Eluned Phillips, Gwynlais

O droi y drych i'r cwm a'r Llan islaw
Mi welaf hi ymhlith y saint fu'n gefn,
Yn foneddiges deg, o hyd wrth law,
A'i nodau'n emyn-mawl i Dduw a'i drefn.
Mi ddeuai'n gynnar, weithiau wrthi'i hun,
A'r hen Dŷ Cwrdd yn wresog ac yn lân.
Pa ryfedd fod llonyddwch byw i'w llun
A hithau'n un o deulu llawn o'r Gân?
Yn ôl pob sôn bu'n fwrlwm sêl a gwaith
Fel gwraig Tŷ Capel, sionc ei thraw a'i throed;
Ac er i'r llif leihau drwy sychder maith
Deil blas yr Ysgol Sul yn naw deg oed.
A heddiw, rhoed mawrhad i'w llafur hi –
Y wefr o wisgo medal Thomas Gee.

D Gerald Jones

Iris Harries, Penterfyn

Mae hon i ni'n flodeuyn teg o liw
Sy'n dal i weini yn y gwynt a'r glaw.
Y swil betalau'n plygu pen mor driw,
A'r rheiny oll, am allan, law yn llaw.
Ac er mor fregus yw i lygaid rhai
Mae'n dal yn dirf, er pob rhyw awel dro.
Yn nwylo'r dail caf fwynder cadarn Mai,
A'r rhuddin gwâr sy'n gwarchod urddas bro.
I'w hoen a'i hedd, mae'n llawn huodledd iaith,
Wrth roi ei hun a'i haelwyd gydol oes
I'w chyd-fforddolion o dan boen a chraith,
A dathlu'r bywyd geir wrth gario'r Groes.
Agorodd ddrws at fwrdd yr Un yn Dri,
A rhannu moddion y Tŷ Cwrdd â ni.

D Gerald Jones

*Nodyn y bardd. Un yn Dri: Tri o bobol oedden nhw ar yr
aelwyd; roedd meddygon Arberth, tri mewn nifer, wedi bod
yn cadw syrjeri ym Mhenterfyn am hanner canrif; Iris oedd
gofalwraig capel y Tabernacl.*

Ar Achlysur Dathlu Pen-blwydd Phil yn 50 a Caio yn 18 oed

Heno rhodder i'n gwerin
Eto ffest yn Nant-y-ffin.
I wledd down, mae'n ben-blwydd dau,
Heidiwn â'n dymuniadau
I dad profiadol ei daith,
I fab ar yrfa'i obaith.

Di-baid o gydwybodol
Ar ei rawd yw Phil 'mhob rôl.
Gweithiwr llyfn ac athro llên
A'i adwaith fel llucheden.
Mawr ei barch ym merw byd
Yr ysgol, athro esgud.
Yn beniog annibynnol,
Un ail i'w le heb run lol.
Diymhongar ei siarad,
Yn ei gledr mae addysg gwlad.
Triw o hyd ei natur wâr,
Un o radd gwŷr ymroddgar.
Wyneba gyda gobaith
Ffyrdd beichus dyrys y daith.
Gŵr isel, brwd ei groeso,
Hael ei siâr y'i gwelais o.
Tra seiniau tannau'r gitâr,
Ni fydd i neb yn fyddar.

Ar achlysur dathlu'r dydd,
Caio sy'n haeddu cywydd.
Eiddot yw hyder heddiw,
Hyder iach a'th gadwo'n driw
I'th deulu ac i'th dalaith,

Yn driw i frwydyr yr iaith.
Deunaw oed o ynni yw,
Hyder pob deunaw ydyw.
Deunaw oed ar dân o hyd
A'i ryfyg mor daer hefyd.
Boed it ymdrech all drechu
Ar dy hynt yr oriau du.
Boed it ddewrder all herio
Ymrafael gwael byd o'i go'.
Rhwyddineb i wynebu
Y bywyd hwn ar bob tu.
Yn ddi-os cipio sawl gôl
A foed yn y dyfodol.

Yn ein ffest rhown lwncdestun,
Codwn wydrau i'r ddau ddyn –
Y tad ar ei aeddfed daith
Y mab a'i fflam o obaith.
Yma heno dymunwn
Y gorau i'r ddau'n y modd hwn.

Wyn Owens

Cwrdd Diolchgarwch

Yn Seion bob mis Hydref yn ddi-ffael
    Diolchwn ni am dderbyn yn eu pryd
Roddion aneirif y Cynhaliwr hael
    Sy'n dad cariadus holl dylwythau'r byd.
Diolch 'rôl treulio'r flwyddyn yn ddi-baid
    Yn gwylio rhestri'n moethau'n mynd yn hwy,
'Rôl chwyddo'n holl bentyrrau grawn heb raid
    Gan godi'n gyson ysguboriau mwy.
Ond os tyr llais anghenus ar ein clyw
    O drothwy'r drws neu ryw anialwch pell,
Achwynwn yn gytûn nad hawdd yw byw,
    Fe rown ein rhan pan welwn ddyddiau gwell.
Cyflwynwn ninnau blant yr eisiau'n llwyr
I ofal Duw ein Tad, a chysgu'r hwyr.

J Dennis Jones

Tom

Dydd ar ôl dydd
rwyt yn eistedd yn dy gadair.

Ofer d'ymdrechion i symud,
gorchmynion yn disgyn
i ogof dywyll d'ymennydd.

Perthynas o'r gorffennol yw cerdded.

Dy law dde
yn ceisio rhofio
bwyd dy fabandod
i'th geg agored.
Siom yn dy lygaid
wrth i'r cyfan
ddiferu i'th gôl.

Rhegfeydd diawledig
yn poeri o'th geg,
dy waed yn berwi
wrth ddamio dy ddolur.
Chwys dy dalcen
yn chwyddo dy wythiennau
am eiliad ...

Ymwelwyr yn ffarwelio'n ysgafndroed,
tithau'n eistedd yn yr un hen gadair
dydd
        ar ôl
                dydd.

Sylvia Rees

Marilyn Lewis

(Ar ei hymddeoliad fel hyfforddwraig ac arweinydd côr plant)

I Mari Cwm Cerwyn rhown glod wrth y llath.
Am danio ieuenctid ni welwyd ei bath.
Dwy fraich fel pistonau yn tynnu pob tant
O enau'r cantorion – fel bwrlwm y nant
Yn llifo yn esmwyth, yn bersain, yn bur.
Roedd grym ei safonau mor gadarn â'r dur.
I'r Aelwyd a'r Adran, bu'n llyw a bu'n gefn,
Bu'n heliwr gwobrwyon yn unol â'r drefn.
A'r aelwyd Blaenllwydarth bu'n ffagl i'r gân,
Yr hwyl yn ei mynwes, a'i chalon ar dân.
Ar lwyfan y Brifwyl, waeth beth fyddo'r praw',
Bu'n gamster pob gorchest a'r côr dan ei llaw.
Ar awr yr ymddeol rhown iddi bob clod.
Mae campau'r gorffennol yn fyw ac yn bod.

Eirwyn George

I Heather Jenkins

(Ar achlysur derbyn plât anrhydedd Eisteddfod Maenclochog)

Pwy a warafun rhoddi clod i Heather?
Mae hon, wel credwch fi, yn wraig a hanner!
Â haul mis Mai yn glasu llain a llechwedd
Estynnwn iddi'r plât sy'n llawn anrhydedd.

Ein 'steddfod ni sydd rywle'n nwfn ei chalon,
Bu'n drefnydd heb ei bath drwy bob treialon,
Ymaflyd â mân bethau, chwilio, denu,
Wrth fynd â'r maen i'r wal ni fedrai fethu.

Mae'n gwarchod llociau'r ŵyn ar ffarm y Fronlas;
Mae'n un o dyrfa'r Sul ar lwybrau'r Deyrnas;
Rhoi llaw i'r ysgol – hybu dysg a gofal;
I'n Gŵyl ar Galan Mai bu'n fraich i'w chynnal.

A heno, rhoddwn ddiolch ein calonnau
Yn sŵn hosanna'r dorf, i ferch y bryniau,
A mynnwn, tra bo gwlith ar ddôl a mawnog,
Ei galw'n dywysoges Gŵyl Maenclochog.

Eirwyn George

I Gofio Beti Gwynno
(Nofelydd a bardd o'r fro hon)

Fel nwyf y gwanwyn rhodiaist lwybrau'n tir
Gan adael ar dy ôl fel Olwen gynt
Betalau pêr o gyfeillgarwch gwir
A mwynder dy gwmnïaeth lond y gwynt;
Fel heulwen haf cynhesaist lwydni'n gwedd
Pan losgai tân ein rhyddid yn dy waed,
Carisma dy bersonoliaeth fel y medd
Yn hwb i'r galon, er pob siom a gaed;
Fel cnydau coeth yr hydre cawsom rodd
O gynnyrch dy aeddfedrwydd ym myd llên,
Profiadau dwfn y galon, rhoi o'th fodd,
Heb ddangos inni'r ing o dan y wên.
Ond hiraeth gaeaf sy 'nghalonnau'r fro
Wrth gofio'r bwrlwm bywyd sy'n y gro.

Rhoswen Llewellyn

Nodyn. Ymgyrchydd brwd dros Blaid Cymru mewn etholiadau.

Penillion Telyn

Synfyfyriais wrth y ffynnon,
Gweld fy llun heb weld fy nghalon,
Cofio wnes fod Un yn rhywle
Wêl i mewn i'm calon inne.

Hyfryd ydyw cael cyfeillion
Sy'n rhoi eli ar fy nghalon,
Hyfryd hefyd, duwiol anian,
Dyn sy'n gweld ei feiau'i hunan.

Anodd imi yw dygymod
Gyda'r rhai sy'n plannu wermod,
Ond mi fedraf weithio'n hwylus
Gyda'r rhai sy'n plannu mefus.

Llwyd yw gorwel pell y Frenni,
Llwyd yw crefydd ein capeli,
Llwytach fyth ein bywyd ninnau
Os na fedrwn ddawn i faddau.

Hardd yw'r wawr pan fydd yn torri,
Hardd yw'r awyr pan fo'n rhewi,
Harddach fyth yr hen, hen arfer,
Plentyn bach yn dweud ei bader.

Pan fo'r awel yn yr helyg
Ni newidia ddim o'u diwyg;
Ond pan rua'r storm ei heitha'
Gall ddiwreiddio'r dderwen fwya'.

Ray Samson

Gwell Hwyr na Hwyrach

(Gwahoddiad i gyfeilles o Rydaman)

Wyt saith deg nawr, llawn egni !!! – i fyned
    I fynydd Garn Llidi,
    A ddoi di i Dyddewi
    Am wâc yn gwmni i mi?

Orig drwy'r Eglwys Gadeiriol – a gawn,
    Profi'r gwin ysbrydol –
    Yr hedd sy'n gyfareddol,
    Y naws sy'n ein denu nôl.

Bro Non fydd ein llwybr ninnau – i droedio
    Drwy dalaith hen seintiau,
    Crud yr wylan, bro'r glannau,
    Yfwn o'i hud, a'i fwynhau.

Nest Llwyd

Newid Byd

(Er cof am Hywel Davies, Pallau, Eglwyswrw, a fu farw'n un-ar-hugain oed ychydig cyn y Nadolig)

Ar drothwy'r Ŵyl daeth cennad du yr angau
A chipio ein llawenydd yn ei gôl,
Dwyn y llanc o'i wanwyn yn y Pallau
A'i alw ar y siwrnai ddi-droi'n ôl,
Ei farrug slei a fu'n gwenwyno'r awel
A'i rewynt deifiol yn erydu'r fro,
A diymadferth oedd petalau Hywel
I sefyll brath ei oerfelgarwch o.
Pan hyllt y blagur eto fe ddaw amser
I'r durtur byncio cân ym mrigau'r coed,
Ac ni all bedd yn naear Ebeneser
Heneiddio'r llencyn un-ar-hugain oed.
Mewn bythol Wanwyn yn y byd di-glwy
Bydd yntau'n ifanc gyda'i Arglwydd mwy.

T R Jones

Aelod Hynaf Rhydwilym

(Griff Thomas, Llandysilio)

Safem yn drist, y dyrfa ganol oed,
    Wrth ddisgwyl ger ochneidio Cleddau Ddu,
Ddyfod y brawd. Hwn fu ei blwyf erioed,
    Gan mlynedd bron, yn dyst o'r hyn a fu.
Mynych yn ffrwd ei eiriau aem ar daith
    I olud plas neu dlodi bwthyn clom,
I synnu at fedr y crefftwyr wrth eu gwaith
    Neu wylo gyda chyndad yn ei siom.
Daeth 'Ust' o'r dorf, ond mud ei lwyfan ef,
    Nid edrydd inni stranciau maboed mwy,
Y mae'n ymuno â chwmpeini'r Nef;
    Heddiw gollyngwn ninnau iddynt hwy
Einioes a ddaliai gynnwys cyfrol fawr,
A llaw na sgwennodd ddim ohoni i lawr.

T L Jones

Ffiniau

Mae carreg las Carn Meini, mwy, yn sarn
A'i smotiau gwyn ar wasgar hyd y llawr;
Mae engyl hen Carn Ingli'n fud eu barn
A chrugiau llyfn y Frenni'n llonydd nawr.
Clywn chwedlau ffôl am yrru twrch ar ffo
A phaentio'r merched o'u hwynebau'n ddu;
Mae enwau dieithr ar gofebau'r fro
Sy'n dwyn i gof hen ffordd o fyw a fu.
    Ond eto, ar y rhos a'r llethrau maith,
    Mae rhai a ŵyr am darddiad pob un nant,
    All olrhain, fesul pwll, droadau'u taith
    O'u tarddle, drwy'r twmpathau'r grug, i'r pant.
Mae yma weddill sy'n ein clymu'n dynn
Wrth heddiw, ddoe a fory'r bröydd hyn.

Terwyn Tomos

Camp Dafydd Emyr

(Cyfarch Dafydd Emyr, Bardd y Gadair yn Eisteddfod Maenclochog 2013 am yr ail waith mewn tair blynedd. Mab i'r Prifardd Dafydd Jones, Ffair-rhos)

Pwy ydyw'r bonheddwr sy'n eiste fan hyn
A'i wyneb golygus fel haul ar fryn?
Bu yma o'r blaen, yn drwm yn ei sedd,
Yn joyo ma's draw o dan lafn y cledd.
Mae'n fachan dansherus, un anodd ei stopio,
A ddaw e nôl mhen dwy flynedd eto?

Fe'i maged ym mhentre byrlymus Ffair-rhos
Yn sŵn y gynghanedd bob dydd a phob nos,
Gan ei bwrw hi bant i'r coleg yn Aber
A'i lygad o hyd ar ennill Cader
Cyn troi tua'r Sowth i gyfrifiadura,
A'r awen yn dal i droi yn ei fola.

Ar feysydd y Talwrn bu'n hogi ei arfau
'Da'r tîm o Ffair-rhos, mor ddwfn yw ei wreiddiau,
A heno'r disgynnydd o aelwyd Y Fron
Sy'n eiste'n sidêt yn y Gadair hon.
Does neb yn rhyfeddu ei fod e mor serchog
Rôl llorio deuddeg yn Steddfod Maenclochog.

Ie, Dafydd ei dad a hawliodd y llwyfan
I wisgo'r Goron yng Ngŵyl Aberafan,
 chlec y gynghanedd, ei hennill yn hawdd,
Am bryddest *vers libre* ar y testun 'Y Clawdd';
Ac yma heno, ni fedraf ond gofyn:
Pa bryd y cawn weled ei fab yn ei ddilyn?

Hefin Wyn

Doe

Bu 'nhadau'n trin eu tyddyn
Drwy stormydd llawer blwyddyn,
Heb gael ar ôl eu llafur brwd
Fawr gnwd o'r erwau cyndyn.

Wrth ddechrau dydd a'i orffen,
Diolchid, er pob angen,
Am gael yr haul a'r glaw o hyd
Mewn pryd i'r cwysi cymen.

Âi'r crydd a'r teiliwr dyfal
O dŷ i dŷ drwy'r ardal,
A lluniai seiri maen a choed
Waith na bu 'rioed ei gystal.

Roedd tinc y gof ar eingion
Yn denu'r plant yn gyson,
Ac i'r hen efail fach dôi 'nghyd
Wŷr tanllyd eu dadleuon.

Mewn cegin gyda'r hwyrddydd
Ceid canu cwmni dedwydd,
Ac adrodd am helyntion od
Bwganod hyd y bröydd.

Daeth newid ar arferion
Y wlad, a'i bywyd weithion,
Mae gwerthoedd doe i gyd ar drai
A'r tai yn nwylo'r estron.

Dennis Jones

Llwybrau

Welwch-chi ddim croesi perci
    Fel y buodd hi 'slawer dydd;
Welwch-chi ddim torf ddillad-ddu
    Yn camu at demlau'r Ffydd.

Welwch-chi ddim slop na sticil
    Dan goeden pen pella'r clos;
Welwch chi ddim lamp cymydog
    Yn dod trwyddi gyda'r nos.

A welwch-chi ddim plant ysgol
    Yn mesur rhubanau'r plwy;
Welwch-chi ddim braich a chryman,
    Welwch-chi ddim llwybrau mwy.

T L Jones

Meic

Dy gitâr yw dy dafod,
weithiai'n llyfu'r awel yn llyfn,
weithiau'n llarpio'r graig yn lloerig,
wastad yn llenwi'r llwyfan â lliwiau.

Fe'th esgorwyd ynghanol storm.
Wyt fab y trwste.
Treuliaist dy oes yn adleisio'r
enfys a ddilyn y daran.

Ti oedd y brawd Houdini,
yn dy glogyn du
yn ein harwain i entrychion
a gwaelodion profiad.

Yr un oedd sigl bodiau dy draed
yn nŵr heli Solfach â Douarnenez;
yr un nodau amrwd glywaist ar frig y don
a glywodd Otis Redding
a physgotwyr alawon pob cyfandir.

Clywaist yn y gwynt
ubain y falen o'r caeau cotwm,
yn hedd y lloer
gwelaist ryfeddodau carbwl y cread,
o'r botel win arllwysaist
fôr o gariad gan adael ond gwaddod
a gwely gwag.

Wyt eryr gwyllt ar war gelltydd
a cholomen ddof ar dalcen ogof.

Hefin Wyn

Oedfa Trwy Lygad Plentyn

Er imi'n fynych fynnu cicio'r drol
Yn wyneb gorfod y confensiwn cul,
Mynd fyddai raid, a hynny yn ddi-lol
I gapel bach Moreia fore Sul.
Rwy'n cofio y diflastod hwnnw'n iawn
O weld drwy'r ffenestr gyrchu am y ddôl,
A chlywed bonllef heintus o'r Cae Mawn
Pan fyddai rhywun wedi sgorio gôl.
A heddiw ar fy aelwyd i fy hun
Fe ddeil y strancio eto yn ei rym,
A'r cwbyn seithmlwydd sydd yn teimlo'n ddyn
Yn gwingo'n erbyn y symbylau llym;
Nes y gwêl yntau dro, yn hyn o fyd,
Nad ofer y ddisgyblaeth chwaith i gyd,

T R Jones

Tachwedd

(Yng ngardd goffa Tower Hill, Llundain, cofeb i'r morwyr a gollodd eu bywydau yn ystod y ddau ryfel byd. Coffeir fy ewythr, Emlyn Thomas o Rydlewis, ar un o'r meini. Bu farw ar fwrdd y San Emiliano ar Fôr Iwerydd ym 1942)

Eiliad fach ganol Tachwedd
I gof un heb garreg fedd.
Glaw mân yn gloywi meini
Yn yr ardd, fy seintwar i;
Dwyn i brysurdeb dinas
Rhyw chwa o dynerwch, ias
O gofio'r golled gafwyd –
Geiriau glân ar garreg lwyd.

Yno, ym mysg yr enwau,
Un a'i ffawd rwy'n ei goffáu;
Rhwygwyd, yn ddwy ar hugain,
I'r lli, o'i anfodd, o'r llain,
A thân 'r Emiliano
A'i llosgodd, a'i hysodd o.

Eiliad fach ganol Tachwedd
I gof un heb garreg fedd.

Terwyn Tomos

Ronnie

Eisteddaf wrth ei fedd yn oerni'r fynwent
Gan deimlo'r hiraeth yn ysigo 'mron,
Rwy'n ffrwyno fy nheimladau am un foment
Cyn teimlo'r dagrau'n chwyddo megis ton;
Er troedio 'mlaen yn sgil ei absenoldeb
Nid oes ond gwacter, er mor fwyn yw'r hin,
Fe'i torrwyd lawr yn nyddiau ei brysurdeb
Heb rybudd, na ffarwél wrth groesi'r ffin.
Ers ugain mlynedd, bellach, fe ddaw blodau
O ddwylo ei chwiorydd yn eu tro,
Cawn rannu sgwrs, ac weithiau rai gofidiau
Wrth bwyso a chloriannu straeon bro.
Ond gwae, rwy'n poeri'n hallt ar droeon ffawd,
Am gipio, cyn ei bryd, fy unig frawd.

Sylvia Rees

Emyn Diolch am Fyd Natur

Gorfoledd i'n calon, wrth fynd ar ein taith,
Yw'r sicrwydd, Dad nefol, dy fod wrth dy waith;
Tydi'n dy ddoethineb sy'n llunio a gwau
Patrymau byd natur, a Thi sy'n bywhau:
O! Roddwr pob harddwch, diolchwn o hyd
Am feddwl amdanom wrth lunio dy fyd.

Hyfrydwch i'n llygaid yw hydref y dail,
Dangosant ysblander dy arlwy di-ail;
'Rol gaeaf o orffwys, daw ernes o fro
Doreithiog ei blagur a blodau'n eu tro;
Am haf o brydferthwch, datganwn dy glod,
Edmygwn y cyfoeth sy'n arllwys o'th god.

Tangnefedd i'n henaid yw murmur y nant
Wrth lifo dros raean yn esmwyth drwy'r pant;
Mae ymchwydd y tonnau'n amlygu dy chwaeth
Wrth ddiwel eu hewyn ar dywod y traeth;
Tynerwch y gwlithyn a sisial y glaw
Sy'n dangos addfwynder digymar dy law.

Chwanegiad i'n pleser yw'r grug ar y bryn,
Yr eithin ar rostir a'r alarch ar lyn;
Daw adar i'r berllan a'u melodi cain,
Ac adlais o'th oslef a glywn ym mhob sain:
Gogoniant y cread a ddaeth trwot Ti;
Rhown foliant am iti ei rannu â ni.

Alice Evans

Emyn Croesawu'r Gemau Olympaidd

Mae Gŵyl Olympaidd 'leni
    Yn galw pawb ynghyd
I ddathlu cyd-gyfarfod
    Cenhedloedd mawr y byd;
Croesawn y fflam cyhoeddi
    A'r cystadlaethau lu
Sy'n llewyrch yma 'Nghymru
    Fel yn yr oesau fu.

Cydunwn yn y wefr
    Sydd yn croesawu'r Ŵyl,
A holl faneri'r gwledydd
    Yn arwain yn yr hwyl;
Boed sain gorfoledd Cymru
    Yn rhan o'r gobaith fydd
Wrth gofio aberth Iesu –
    Pencampwr mawr ein ffydd.

Wrth ddilyn fflam cyhoeddi
    O le i le drwy'r wlad,
Bydd ymdrech y cystadlu
    Yn ennyn pob mawrhad;
Gweddïwn am adfywiad
    Yn enaid Cymru fach,
A phrofiad y chwaraeon
    Yn troi'n efengyl iach.

Nansi Evans

Boed i mi Feddwl

A minnau ynghanol moethau y tu mewn i'm cartref clyd,
O Dduw, boed i mi feddwl, i feddwl mwy
Am y rhai rhwng muriau carbord ar balmentydd oer y stryd,
O Dduw boed i mi feddwl yn daer amdanynt hwy.

A minnau mor esgeulus gyda'r sbriel sy'n fy nhŷ,
O Dduw, boed i mi feddwl, i feddwl mwy
Am y llygredd sy'n difetha'r creaduriaid greaist Ti,
O Dduw, boed i mi feddwl yn daer amdanynt hwy.

A minnau'n ddall i'r rhyddid a'r hedd o'm cylch bob dydd,
O Dduw, boed i mi feddwl, i feddwl mwy
Am y plant sy' ynghanol tanciau ac sy'n ofni'r gynnau cudd,
O Dduw, bod i mi feddwl yn daer amdanynt hwy.

A minnau'n gweld y llygaid a'u gwedd yn adrodd gwae,
O Dduw, boed i mi feddwl, i feddwl mwy
Am y rhai sy'n gaeth i'r nodwydd a'u bywydau byr ar drai,
O Dduw, boed i mi feddwl yn daer amdanynt hwy.

Ond yn bennaf boed i minnau ynghanol drygau f'oes
Roi f'amser Dduw i feddwl, i feddwl mwy
Am yr Un a ddioddefodd drosof i ar bren y Groes,
O Dduw, boed i mi feddwl a chofio grym ei glwy.

Nest Llwyd

Gwasanaeth

(Wedi darllen hunangofiant Mair Garnon James
Ody'r Teid yn Mynd Mas?)

Ddoe roedd torfeydd yn ddu
At Ei erw'n pentyrru;
Môr o sain yn atseinio
Emynau – geiriau ar go';
Adnod a phennod a ffydd
Yn boen myfyrdod beunydd.

Nid eiddom yr hud heddiw,
Tawel, diogel yw'n Duw.
Hwyrach mai gwannach yw'r Gair
A newid fu'n cyniwair.

Er hyn, lle bydd dau neu dri,
Yno bydd Ei ddaioni.

Terwyn Tomos

I Albie Abbot ar Gyrraedd Rownd Derfynol Dysgwr y Flwyddyn

O'i wirfodd gwnaeth ymroddi – i ennill
    Yr heniaith a'i theithi.
    Nôl ei waith, nid yw'n hiaith ni
    Yn eilbeth yn marn Albie.

Albie, wynebaist helbul – y treiglo,
    Wyt rugl, mae'n efengyl.
    Sicrach na'r Cymry gwachul,
    Oet y gŵr ar y bont gul.

Ein pont gul pentigili – mor rymus
    Ymrwymaist i'w chroesi.
    Yn ddyfal, buost Albie,
    A thrwy'r dasg ei throedio hi.

Ei throedio â throadau – y Gymraeg,
    Mor hael ei hidiomau.
    Mo'yn deall, er y gwallau,
    Mo'yn iaith, a chael ei mwynhau.

Mwynhau'r geiriau'n ddi-guro, – diau bu
    Newid byd wrth 'studio.
    Â'i frawddeg i'n gwefreiddio,
    Ei wobr ef yw diolch bro.

Yn dy fro teimlwn yn fras, – onid gwiw
    Dy gamp a'th gymwynas?
    Fel ail iaith dwg iti flas
    Ieithwedd gyntaf cymdeithas.

Cymdeithas gwlad ni wadodd – yn hithau
    A'i hiaith yr ymserchodd.
    Â'th lewych, mynych fo'r modd
    I'w harfer hi o'th wirfodd.

Wyn Owens

Ar Bont Felin-wen, Boncath

Welwch chi ddim o'r dŵr, chi, heddi'n disgyn
   Lawr dros y whîl ger talcen Felin-wen,
Chlywch chi ddim o'r llwye'n dal y rhewyn
   Na'r ffrwd yn hollti dros y breiche pren.
Welwch chi ddim o'r ceirt yn cario'r barlys
   Lawr dros y rhiw, cyn croesi'r afon fach,
Chlywch chi ddim o'r meini llwyd yn allwys
   Y blawd yn ara' deg o ene'r sach.
Pwy fu, chi, slawer dy' yn cario'i bwne
   Ar gewn 'i asyn draw o Fwlch-y-gro's?
Ond jiw, i beth rwy'n chwalu hen feddylie
   Ar ben y bont a hithe'n hanner nos?
Draw'n y pwll ma lleuad newy'n sheino
A'r dŵr yn dal i fynd heb ddim i'w rwystro.

Reggie Smart

Gorsaf Rosebush

Nid oes ond mam a'i baban ar y platfform,
    Y delwau mud sy'n llercian yn y gwynt,
Yn disgwyl am y trên na ddaw o unman,
    Rhyw atgof oer am ias y dyddiau gynt.

Beth ddaeth o'r mwg fu'n dorchau yn yr awyr
    A'r injan-stêm yn dwyn ei thaith i ben?
A whît y gard yn atsain dros y llethrau
    Fel cri'r gylfinir draw ar waun Ddôl-wen?

Oes, mae 'na chwedlau iasoer am y nafis
    Fu'n turio haenau'r graig â chaib a rhaw,
Yn gosod seiliau'r lein ar ros a gwerbyn
    A chwys eu nerth yn toddi yn y glaw.

Do, fe fu'r chwarel unwaith fel cwch gwenyn
    A gweithwyr ar y bonc yn freichiau i gyd,
Yn halio'r llechi i wagenni'r relwe
    I'w dwyn ar hirdaith i begynau'r byd.

A daeth ymwelwyr gannoedd dros y cledrau
    At lesni'r llynnoedd a'r ffynhonnau claer,
Roedd sawr y perthi grug yn falm i'w ffroenau,
    A haul y bryniau noeth yn gloywi'r aer.

Ond heddiw, 'does ond geiriau oer y gofeb
    I droi'r dychymyg tua'r dyddiau gynt,
Y brain yn crawcian o agennau'r chwarel,
    A gorsaf wedi cau yn nwylo'r gwynt.

Eirwyn George

*mam a'i baban: modelau ar safle'r hen orsaf tu fa's Tafarn
Sinc*

Jant Fach

(Yn nhafodiaith Mynachlog-ddu)

Pan fo'r isbrid braidd yn ishel,
Pan fo bowyd felse'n dreth,
Os na fydd hi'n dewi sgadli
A-i am wâc fach nawr a lwêth.

Mâs o'r tŷ ar game whringil
Lawr Rhiw Bont in drwm en nhwrêd.
Drichid mâs am flode'r cloddie,
Staro lan ar frige'r cwêd.

Mae'n ddansherus ar ir hewlydd,
Ceir a loris manhw'n bla!
Rhai'n mynd heibo fel llecheden,
Hidre, geia, gwanwin, ha'.

Bant o'r hewl dwy'n troi eng nghamre,
Dilyn feidir 'r Inis Fowr,
Mlân dwy'n mynd ar jant isgawnach,
Heibo'r Clun na welodd drowr.

Drost ir afon fach fwrlwmus
A'r grid gwartheg, dima'r ffin,
Ar y whith pan fydd hi'n hidre
Ma 'na fôr o redyn crin.

Clatsho bant ar hyd y feidir,
Dima girradd pen en nhaith,
Dima iet y clos a'r glowty,
Bues i 'ma, do, lawer gwaith.

Dima gatre ir efeillied,
Dima eilwd Pat a Ann,
Ac os gwela-i nw obiti
Bydd 'na glebran in y man.

'Nhwythe'n holi, finne'n ateb
Ond heb weud y cwbwl whaith.
Trafod hanes hwn ac arall.
Finne'n holi am 'u gwaith.

Dwy o'r crud yn ffarmo gered,
Slafo'n ddeir, wel odyn glei!
Wrthi'n fishi 'da'r creduried.
Lle ma' gwaith, so'r ddwy in shei.

Yfon hir, cyn iddi nosi
Deith hi'n amser madel whap,
Cered getre'n y tewillwch,
Heb ddim lamp se fowr o siap.

Bwrw hi am nôl ta pun-i
Gyda cherdd fach in crynhoi
In i meddwl heb loithirie,
Galwa-i heibo 'to in gloi!

Dima ddwâd at ben y feidir
Ac isgawnder dan y fron.
Whant sydd arna-i reito pishyn
Wedi neud y jant fach hon.

Wyn Owens

Englynion Cyfarch

Ar Enedigaeth Owain Alun

Wele, daeth Owain Alun! – ble mae'r bwyd?
    Ble mae'r bib a'r cewyn?
    Yn Nhŷ-mawr yn awr mae un
    Eto, a hwnnw'n grwtyn.

Wyn Owens

I gyfarch Wiliam Elis, ein hŵyr cyntaf

Ein brenin, mab i'n llinach – anwylyn
    Na welwyd ei bertach,
    A'r gwir, nid oes rhagorach
    Yn y byd na Wiliam bach.

Eifion Daniels

I Elen yn 13 oed

Yn dair ar ddeg daw'r rhodd hon – o arian
    A yrraf ar f'union.
    Cei fy rhodd o fanc y fron
    Ac o waled y galon.

Wyn Owens

I Rhian Daniels yn 21 oed

Myn ei gwên ddweud mwy na gair, – o'r galon
        Daw'r golau mor ddisglair,
        Mae gallu yma i gellwair,
        Rhan o mi yw Rhian Mair.

Eifion Daniels

Rhiannon Thomas
(Athrawes, ffermwraig a chantores nodedig)

Rhyw ynni sy'n Rhiannon, – egni'r tir,
        Cennad dysg dwymgalon,
        Egni'r côr a'r cantorion,
        Byd y gân yw anian hon.

Eirwyn George

I gyfarch Ann James
(Ar ei hymddeoliad fel Pennaeth Ysgol Bro Inglî)

Hyblyg, ond llawn disgyblaeth – y bu Ann
        I bawb yma'n Nhrefdraeth,
        Ond fel tymor, heibio'r aeth
        Y bennod yma'n Bennaeth.

Eifion Daniels

I Wendy Lewis
(Ar ei hymddeoliad fel prifathrawes Ysgol Blaenffos)

Difesur dy lafurio – yn dy gwrdd,
    Yn dy gôr a'th henfro,
    Ac ym myd dysg y mae to
    Y rhoist dy orau drosto.

J Dennis Jones

I Morwel Palmer adeg ei hymddeoliad o Ysgol Spittal

Ym merw'r Urdd rhodd Morwel – heb atal
    I blant Spittal afel
    Yn eu treftad cyn madel,
    Deffroi'r iaith cyn dweud ffarwél.

Wyn Owens

Marian Thomas
(Ymgynghorydd Iaith Sir Benfro a chynrychiolydd y Pwyllgor Addysg ar Fwrdd Llywodraethwyr Ysgol y Preseli)

Rhoces frwd ond diffwdan, – arian byw
    Ar ein Bwrdd a'n llwyfan,
    Un mor gymwys, glwys a glân:
    Mae miri lle bo Marian.

Cerwyn Davies

Eirian Wyn Lewis
(ar achlysur dathlu 30 o flynyddoedd yn weinidog Bethel a Horeb)

Wyt dyst sy'n haeddu tysteb, – yn gyson
  Dy gysur a'th ateb.
  Byth yn flin, llawn doethineb,
  Wyt fugail sy'n ail i neb.

Cerwyn Davies

I Claire Jones, y delynores o Grymych, ar ei phriodas â Chris Marshall, un o'i chyd-berfformwyr mewn cyngherddau

O dyner sain dy dannau – ac o rym
  A gwres eich holl rythmau
  Daw oes o felodïau
  I greu tôn am gariad dau.

Eifion Daniels

Priodas Arian Jackie ac Alun Ifans

Euraid yw tw'r blaguryn – ac arian
  Gan gariad yw'r llinyn
  Ym mywyd dau, cwlwm tynn
  Aelwyd Jackie ac Alun.

Wyn Owens

I gyfarch Glyn Rees yn 80 Oed

(un o 'adar' Bois y Frenni a bardd lleol)

Heno'n llu y gwnawn yn llawen – gyfarch
     Hen gyfaill yr awen,
      Annwyl yw, yn hael ei wên,
      A'r wàg yn bedwar ugen.

Ieuan James

Myra James

(Ar ei hymddeoliad fel nyrs yn Ward 10, Ysbyty Llwynhelyg)

Nyrs lew mewn ward o wewyr – a'i hanian
     Yn ennaint o gysur,
      Hon â'i gwên a ddofai gur,
      A'i dwylo'n lleddfu'r dolur.

Eirwyn George

D L Thomas M.P.S.

(Ar ei ymddeoliad fel ysgrifennydd Eglwys y Tabernacl)

Dyn o dact a dawn doctor – a'i gamau
     Mor gymwys â'i gyngor;
      Gŵr a roes ei oes i'r Iôr
      Yw Tomos ar ben tymor.

D Gerald Jones

I Nigel Vaughan yn 50 oed

Wyt gyfoed, run yw'n hoedran – yn nyddiau
    Ein heneiddio weithian.
     Yn mynd y blynyddoedd mân
    Cofier, nid rhif yw'r cyfan.

Wyn Owens

I Ludo ar agor ei dŷ bwyta yng Nghastellnewydd Emlyn

I'r Cwper i swpera – ehedwn
    At Ludo's i fwyta,
     Mwy na dim cawn gwmni da
    Ac oriau o segura.

Eifion Daniels

I Hefin Parri Roberts ar gael ei dderbyn i'r Orsedd

Hefin! mae'r werin ym mro – dy eni
    Ar dân wrth it lwyddo.
     Mewn gwyrdd cefaist dy urddo;
    Drwy roi o hyd daeth dy dro.

Wyn Owens

Alun Ifans yn ymddeol fel prifathro Ysgol Cas-mael
(Sefydlodd oriel gynhwysfawr o arlunwaith yn yr ysgol)

Alun o Lŷn â'i law hael – yn hela'r
    Orielau, cyn gadael
     Ddug gynhaeaf i'w afael:
    Mae yma o hyd yng Nghas-mael.

Eirwyn George

I Wyn Owens ar gyhoeddi 'Y *Patshyn Glas*'

Dug ei henfyd i'w gynfas, – ei eiriau
    Yw'r tirwedd o'i gwmpas,
     Arddel ei blwy ag urddas
    Yn ei glod i'r Patshyn Glas.

Eifion Daniels

I gyfarch Wyn Owens ar ennill cadair Eisteddfod Brynberian
(Ar y testun 'Ffenest')

Yn noethder y pellteroedd – ei ffiniau
    Yw ffenest yr oesoedd,
     Gan ddatgan ei gân ar goedd
    O nudden y mynyddoedd.

Eifion Daniels

Englynion Coffa

Cofio'r Wên: Robina Elis Gruffydd

Y wên oedd fwy na'r wyneb – i'n cyfarch,
    Cofiwn ei sirioldeb.
  I'r wên hon ni fedrai neb
  Ymatal rhag ymateb.

Ieuan James

Andrew Williams LRAM ARCM

Meistir côr a cherddoriaeth – dihafal,
    Difyr ei gwmnïaeth,
  Saff o'i ran, yn gwrtais ffraeth
  A'i gwbl o dan ddisgyblaeth.

Ieuan James

Gwenda John

Heb rybudd, un hirddydd ha' – fe'i galwyd
    O aelwyd *Thorn Villa*,
  Troi o'i gwaith i'w rhawd eitha',
  Hon o hyd ni ddwedai 'Na'.

Eirwyn George

Jennie Howells

Enaid y maes a'r mini, – llawn o waith,
    Llawn o hwyl oedd Jennie,
    Yn y Bryn mawr oedd ei bri,
    Un o seiliau'r Preseli.

Eirwyn George

I gofio Hywel John, Tycwta, Mynachlog-ddu

Mae anaf ar Gaermeini – a nudden
    Dros y Cleddau'n codi,
    A Hywel, mae'r Preseli
    Yn fud iawn o'th gofio di.

Eifion Daniels

Doris, fy Mam yng Nghyfraith

Un ddoeth, gymesur, ddethe,– y teulu
    A'u talent ei 'phethe,'
    Ei chwrt oedd ffin ei chartre,
    A'i llais oedd yn llenwi'r lle.

Cerwyn Davies

I gofio Lloyd Davies, Fferm y Capel, Mynachlog-ddu

Ym Methel bu'n amaethu, – ei herwau
  Â chariad bu'n llyfnu,
  Ei ddôl oedd Mynachlog-ddu
  A'i dalar oedd ei deulu.

Eifion Daniels

I gofio am Marie Davies
(*Ysgrifenyddes yn Ysgol y Preseli*)

Un hynod gydwybodol – yn ei gwaith,
  A'i gwên mor naturiol,
  Beunydd yn ferch ddibynnol,
  Gwag fydd pob orig o'i hôl.

Eifion Daniels

Dan Lewis, Ffarm Picton

Hen 'gymer' prin ei gemeg – a'i fywyd
  Yn fwy na'i rifyddeg,
  Un â dawn i ddelio'n deg,
  A'i werthoedd uwchlaw gwartheg.

D Gerald Jones

Yn angladd Osian Gordon

(a fu farw yn 18 oed wedi gwaeledd hir)

Wedi'r loes a'r brwydrau lu – ein Tad wyt,
    Y Duw sy'n ein caru,
   A'r dydd hwn deuwn i'th Dŷ
   I roi Osian i'r Iesu.

Eirwyn George

Dathlu

(Bu Elin Mai farw y diwrnod ar ôl ei phen-blwydd yn saith oed)

Welodd hi'r twyll a'r canhwyllau – pen-blwydd
    Yn gelwydd bach golau?
   Gobeithion ei briwsion brau
   Ymhen diwrnod mewn darnau.

Dafydd Williams

Englynion Gweinidog ar Daflenni Angladd

Lizzie Mary Lewis, Step-in, Maenclochog

Yn ei sedd a'i holl swyddi – un solet
    A selog oedd Mary;
    Aelod hael a'i haelwyd hi
    Yn 'step in' a stop inni!

D Gerald Jones

Sarah Morris, Caer-lydd

Un o bâr ydoedd Sara – a gafodd
    Y gofal anwyla',
    Aeth i'w hun ar drothwy ha',
    Mam werinol Marina.

D Gerald Jones

Sali John, Pant-glas

Un selog iawn oedd Sali, – un heini,
    Un hynaws ei chwmni;
    Rhoes o'i hoes i'w theulu hi
    A hunodd heb ddihoeni.

D Gerald Jones

Bronwen Absolom, Bron-waun
(Bu'n diodde o effeithiau'r arthritis ym mlynyddoedd olaf ei hoes)

Gwraig radlon ydoedd Bronwen, – o gymorth
    Digymell mewn angen,
    Er yn gaeth, roedd rhin i'w gwên,
    A'r eglwys ar ei rhaglen.

D Gerald Jones

Thomas Williams, Fagwr Goch

Hen fachan glân ei fuchedd, – un diwyd
    O dawel hynawsedd,
    Yn ŵr sionc, er hwyr i'w sedd,
    Ond astud wedi eistedd.

D Gerald Jones

Englynion Amrywiol

Taid

(Yng nghwmni rhai o'm hwyrion bach yn yr ardd)

Er oer hin tiroedd crintach – fy henaint,
    Rwyf heno'n ieuengach
    Am fod fy ngardd yn harddach
    Â blodau o bennau bach.

T Gwynn Jones

Ysgol y Preseli

Ers i heulwen Preseli – ein rhyddid
    Dreiddio drwy fy ngwersi,
    Mae cyfoeth, nerth a noethni
    Y Frenni Fawr ynof fi.

Wyn Owens

Merched y Wawr, Mynachlog-ddu

Pob aelod piau'i brodwaith, – ag urddas
    Cydgerddwn mewn gobaith,
    O raid ymrown i'w rhwydwaith
    A chael mwy na chwlwm iaith.

Wyn Owens

Castell Aberteifi

(Adeg yr adnewyddu 2010-2015)

Mae hen oes yn goroesi – ym mawredd
   Y muriau uwch Teifi,
   Caer ein hil, cyweiriwn hi,
   Rhys ei hun a'i rhoes inni.

Ieuan James

Cynheiliaid yr Achos

*(Dathlu 200 mlynedd yn Eglwys y Bedyddwyr, Hermon,
Llanfyrnach)*

Mynnent rodfeydd y mynydd – heb flino,
   Heb wyro, oherwydd
   Iesu oedd eu tywysydd,
   Hermon oedd ffynnon eu ffydd.

Eirwyn George

Bro Cerwyn

(Adeg sefydlu gofalaeth newydd o 6 eglwys gyda'r Annibynwyr)

Hon yw caerau Bro Cerwyn, – grym y Gair,
   Grym y gân a'r emyn,
   Noddfa'r Tad i gredadun,
   Y cyd-fyw rhwng Duw a dyn.

Eirwyn George

Yng Ngapel Brynmyrnach

Rwy'n dod dan faich pechodau – atat Ti,
    Y Tad sydd yn maddau,
    A chael y Gair sy'n iacháu,
    Ac addewid gweddïau.

Terry Reynolds

Capel Bryn Salem, Cipyn
(sy'n adfail bellach)

Er cloi drws, er cilio draw, – y tywydd
    Yn tewi yr alaw,
    Ni fydd gair Crist yn ddistaw,
    Daw ei lais drwy'r gawod law.

Terwyn Tomos

Sioe Fawr Llanelwedd 2007
(Sir Benfro oedd yn ei noddi)

Sir enwog am gefnogaeth, – ei gwerin
    A gâr ei threftadaeth,
    Y mae hwyl, cyffro a maeth
    Yma yng nghorlan amaeth.

Cerwyn Davies

George Owen, Henllys (1552 – 1613)

Bonheddwr gofir drwy'r siroedd – ar sail
    Rhoi sylwedd i'r cyhoedd
  O hanesion cynoesoedd:
  Un o fro Nanhyfer oedd.

Idwal Lloyd

Yr Ysgol Sul

Ar y Sul fe geir seiliau – y Deyrnas
    Gadarnaf ei muriau,
  Golud y gwir, gweld y gau,
  Y Gair yw'r addysg orau.

Wyn Owens

Taith yr Ofalaeth i Dryweryn

Dyma ddŵr y fradwriaeth – yn fan hyn
    Dwfn iawn ydyw'r hiraeth,
  Yn y dirgel, capel caeth
  A dŵr yn goffadwriaeth.

Wyn Owens

Cobyn Cymreig

Un di-drafferth a nerthol, – un esgud
    A'i osgo'n urddasol,
   Cefn, a bwa'n ei ganol,
   Un o dras i dynnu'r drol.

Terry Reynolds

Y Camera Fideo

Mae'n gofnod i'r dyfodol, – yn archif
    O'r erchyll a'r doniol;
   Egyr ffiniau'r gorffennol,
   Myn diain, mae nain yn dod nôl!

T L Jones

Nanhyfer

Nanhyfer yn goferu – trwy seintwar
    Y saint ar ei gwely,
   Yno croes o henoes sy',
   A hen goeden yn gwaedu.

Nest Llwyd

Aber-porth

(Wedi darllen am yr arbrofion gydag awyrennau di-beilot)

Â Duw rhyfel ar drafael – yn esgyn
    Ar esgyll y cythraul;
     O Dduw ein Tad, paid gadael
     Cyrch y rocedi ein cael.

Eirwyn George

Maenclochog

Tir y manwellt a'r meini, – bro'r oerwynt,
    Bro'r aradr ar berci,
     Henfro'r ŵyn a'r clogwyni:
     Tir ein hiaith yw'n pentre ni.

Eirwyn George

Ar Gerdyn Nadolig

Ar fynwes gerllaw'r preseb – anwylyn
    Dan halo dwyfoldeb,
     Y cariad yn anad neb,
     Heraldydd anfarwoldeb.

T L Jones

Eithinmân

Hen ffermdy a roes groeso – a harddwch
    Ei erddi'n ddiguro;
   Ond y mae'r glwyd mwy ar glo,
   Y drain yw'r meistri heno.

J Dennis Jones

Beca

Amled yw'r gwarth a deimlir, – tai ar werth,
    Dim ond trai a welir.
   Ond er bod SOLD ar ddoldir
   Ysbryd Twm sy' biau'r tir.

Wyn Owens

Clebran: Papur Bro'r Preseli

Deialog y gymdogaeth – yma'n siŵr
    A'i mân siarad helaeth.
   O air i air hwn a aeth
   Yn dudalen brawdoliaeth.

Wyn Owens

O Ddesg y Talyrnau

Wrth Baentio Wal y Tŷ

Goresgyn brig yr ysgol – yno'n rhydd
   Yn yr aer, fel gwennol;
   Mwydraf, rwy'n gaeth a meidrol,
   Dod a wnaf i'r byd yn ôl.

Terwyn Tomos

M.O.T.
(Hysbyseb mewn garej)

Batri'n ded. Trwm ar betrol? – os oes brêcs,
   Whîls neu springs diffygiol,
   Ein nawdd sydd yn feunyddiol,
   M.O.T. in no taim at ôl!

Wyn Owens

Hen Dro

Cusanais roces unwaith – ni fynnwn
   Am funud wneud eilwaith,
   A heb un chwant derbyn chwaith
   Hen afr yn fam-yng-nghyfraith.

J Dennis Jones

Beddargraff Gwerthwr
Gwydrau Dwbwl

I'w hirnos yr aeth Ernest – o'i ffirm fawr
    I'w ffrâm fach ddiffenest,
    Yn ei wanc aeth i'r incwest
    Yn oferôl *Ever-rest.*

D *Gerald Jones*

Mewn Dosbarth Nos

Er esgyrn lan yr ysgol – yn araf,
    Heb gyrraedd ei chanol
    Rwy' o hyd; mae mwy ar ôl,
    A gwn nad wyf ddigonol.

T *Gwynn Jones*

Nodiadau Bywgraffyddol

Eifion Daniels. Ganed yn 1955 a'i godi yn nhre Caerfyrddin. Rheolwr Busnes yn Ysgol y Preseli am dros chwarter canrif. Bu'n actio, yn ysgrifennu sgriptiau ac yn gynhyrchydd gyda Chwmni Theatr Bro'r Preseli am flynyddoedd hefyd. Mae'n aelod o dîm Beca ar Dalwrn y Beirdd ac yn byw ym mhentre Blaenffos.

Cerwyn Davies. Mab ffarm o Fynachlog-ddu a aned yn 1950. Treuliodd ei oes yn fugail defaid ar lethrau'r Preseli. Bu'n weithgar yn y gymuned leol ac ef oedd cadeirydd cyntaf Cymdeithas Waldo. Derbyniwyd i'r Orsedd ac mae'n aelod o dîm Beca ar Dalwrn y Beirdd.

Iwan Davies. Bardd ieuengaf y gyfrol. Un o blant pentre Llandudoch a aned yn 1991. Cafodd yrfa academig ddisglair. Ar hyn o bryd mae'n fyfyriwr yn y Guildhall of Music and Drama yn astudio ar gyfer gradd MMus fel répéteur; ac yn rhannu ei amser rhwng Llandudoch a Llundain.

Alice Evans. Ganed yn 1932. Gwraig ffarm Cilhengroes yn ardal Henllan Amgoed am y rhan helaethaf o'i hoes. Cyhoeddodd bump o gyfrolau: *Gyda'r Ifanc* 1985, *Grisiau at Grist* 1995, *Ymlaen gyda Duw* 2003, *Cadw Rhod Duw i Droi* 2003 ac *Wyth Oedfa* 2009. Mae wedi ymddeol erbyn hyn ac yn byw ym mhentre Pwlltrap.

Nansi Evans. Yn wreiddiol o bentre Tegryn. Ganed yn 1925. Symudodd i Gwmfelin Mynach ar ôl priodi. Hi yw golygydd 'Cornel Llên' y *Cardi Bach* ers ei sefydlu yn 1978; a bu'n aelod o dîm Merched y Wawr Dyfed ar Dalwrn y Beirdd. Wedi byw yng Nghwmfelin am dros drigain mlynedd.

Huw George. Ganed yn Nhyddewi yn 1959. Gweinidog eglwysi Blaenconin, Llandysilio a Ffynnon, Llanddewi. Ei brif ddiddordebau yw dyfarnu pêl-droed, ysgrifennu dramâu a chyfansoddi caneuon. Mae ganddo golofn fisol o benillion ysgafn yn y *Cardi Bach* ers blynyddoedd yn adrodd hanes (a thynnu coes) aelodau ei gapeli yn bennaf. Mae'n byw yng Nghlunderwen ac yn Gynghorydd Sir hefyd.

Eirwyn George. Ganed yn ardal Tufton yn 1936. Bu'n ffermio am ddeuddeng mlynedd, yn athro yn Ysgol Uwchradd Arberth ac Ysgol y Preseli, ac yn Llyfrgellydd Gweithgareddau Diwylliannol yn Sir Benfro. Cyhoeddodd 20 o gyfrolau yn cynnwys barddoniaeth, ysgrifau, llyfrau taith a hunangofiant. Mae'n byw ym mhentre Maenclochog.

Ieuan James. Ffarmwr yn ardal Rhos Glynmân. Ganed yn 1939 a threuliodd ei oes o fewn ei filltir sgwâr. Bu'n aelod o Gôr Crymych, parti noson lawen Bois y Frenni, a hefyd o dîm y Preselau ar Dalwrn y Beirdd.

Rachel James. Un o blant Tremarchog, Pencaer. Ganed hi yn 1942. Cyfreithiwr wrth ei galwedigaeth cyn ymddeol i warchod yr wyrion. Cyhoeddodd *Blodeugerdd Sir Benfro* 1986, a bu'n olygydd *Clebran* hefyd am rai blynyddoedd. Mae'n aelod o dîm Beca ar Dalwrn y Beirdd ac yn byw ym Moncath.

D Gerald Jones. Gweinidog gyda'r Annibynwyr yn hanu o Horeb, Llandysul. Ganed yn 1941. Bu'n weinidog eglwysi Llandeilo, Hen Gapel a'r Tabernacl Maenclochog am 23 o flynyddoedd. Yr unig gweinidog efallai sy'n ysgrifennu englyn coffa ar daflen angladd pob un o'i aelodau? Bu'n olygydd 'Bwrdd Barddota', *Clebran* ac yn aelod o dîm y Preselau ar Dalwrn y Beirdd. Wedi ymddeol bellach ac yn byw yn Llangennech.

J Dennis Jones. Brodor o Rydaman a aned yn 1934. Pennaeth yr Adran Gymraeg yn Ysgol y Preseli am 30 mlynedd cyn ymddeol. Bu'n gofalu am y Golofn Farddol yn *Clebran* ac yn aelod o dîm Beca ar Dalwrn y Beirdd. Mae'n byw ym mhentre Crymych.

T Gwynn Jones. (1928–2015). Yn wreiddiol o gyffiniau Corwen. Bu'n athro ysgol yn Y Bala a Dolgellau, yn ddarlithydd yng Ngholeg Cyncoed, ac yn bennaeth yr Adran Gymraeg yng Ngholeg y Drindod, Caerfyrddin. Treuliodd ugain mlynedd olaf ei oes yn nhre Abergwaun, ac yn aelod o dîm y Preselau ar Dalwrn y Beirdd.

T L Jones. (1917–1993). Ganed ym mhlwyf Llangolman wrth odre'r Preseli. Cyfrifydd siartedig yn nhre Arberth am y rhan fwyaf o'i oes yn dal i fyw yn ei blwyf genedigol. Symudodd i Faenclochog ar ôl ymddeol. Cynghorydd hefyd a chyn-Gadeirydd Cyngor Sir Benfro. Aelod o dîm Beca ar Dalwrn y Beirdd.

T R Jones. (1933–2006). Brodor o Danygrisiau. Gweinidog gyda'r Bedyddwyr ar eglwysi Penuel ac Ebeneser yng ngogledd Sir Benfro (gan ychwanegu Bethabara a Phenybryn at yr un ofalaeth) am yn agos i ddeugain mlynedd. Cyhoeddodd gyfrol o gerddi, *O'r Moelwyn i'r Preselau,* ar y cyd ag Eirwyn George. Aelod o dîm y Preselau ar Dalwrn y Beirdd.

Idwal Lloyd. (1910–2004). Yn wreiddiol o ardal Mathri. Bu'n brifathro Ysgol Tre-fin ac Ysgol Blaenffos cyn mynd i Lundain i gadw gwesty. Dychwelodd i fyw yn Abergwaun ar ôl ymddeol. Aelod o dîm Sir Benfro yn Ymryson y Beirdd ac o dîm y Preselau ar Dalwrn y Beirdd. Cyhoeddodd ddwy gyfrol o'i farddoniaeth, *Cerddi'r Glannau* 1985 a *Cerddi Idwal Lloyd* 2000.

Nest Llwyd. (1945–2004). Ganed yn Rhydaman yn unig blentyn y Prifardd E Llwyd Williams a'i briod Eluned.

Symudodd i ardal magwraeth ei rhieni ym mhentre Maenclochog yn 1988. Brwydrodd yn ddewr yn erbyn afiechyd ar hyd ei hoes. Pregethwr cynorthwyol ac aelod o dîm Beca ar Dalwrn y Beirdd.

Rhoswen Llewellyn. Un o blant Cwmfelin Mynach a aned yn 1941. Athrawes a phrifathrawes Ysgol Ffynnonwen cyn i honno gau ei drysau. Athrawes yn Ysgol Beca wedyn. Tiwtor dosbarthiadau dysgu Cymraeg i oedolion. Hi yw golygydd y *Cardi Bach* ers ei gychwyn yn 1978; ac fe'i derbyniwyd i'r Wisg Wen yng Ngorsedd Y Beirdd. Mae'n dal i fyw yn ei phentre genedigol.

Wyn Owens. Ganed yn 1956 a threulio'i oes yng nghymdogaeth Mynachlog-ddu. Arlunydd o bwys hefyd. Tiwtor dosbarthiadau cerdd dafod i oedolion. Golygydd y Golofn Farddol yn *Clebran*. Cyhoeddodd gasgliad o gerddi, *Y Patshyn Glas* yn 2005, a geiriadur tafodiaith Sir Benfro, *Rhint y Gelaets a'r Grug* yn 2013. Aelod o dîm Beca ar Dalwrn y Beirdd.

Sylvia Rees. (1934–1916) Ganed yn Nhrelech. Cynorthwyydd yn y swyddfa yng Ngholeg y Drindod, Caerfyrddin cyn ymddeol. Tiwtor dosbarthiadau nos i ddysgwyr am flynyddoedd hefyd. Cyhoeddodd *O Ddrâr y Seld*, casgliad o'i barddoniaeth mewn Cymraeg a Saesneg yn 2011. Ymgartrefodd yn Llanwinio am y rhan helaeth o'i hoes.

Terry Reynolds. Ganed ym mhentre Hermon, Llanfyrnach yn 1947. Bu'n gweithio fel peiriannydd electroneg yng Nghaergrawnt a Stevenage. Newidiodd ei yrfa, a bu'n athro Mathemateg yn Ysgol Uwchradd Aberteifi ac yn Bennaeth yr Adran Fathemateg yn Ysgol y Preseli tan ei ymddeoliad. Mae'n aelod o dîm Beca ar Dalwrn y Beirdd ac yn byw o hyd yn ei bentre genedigol.

Ray Samson. Ganed hi yn Nhrelech yn 1920. Cogyddes yn Ysgol Tegryn am flynyddoedd lawer. Cyhoeddodd ddau lyfryn o'i gweithiau: *Casgliad o Gerddi a Chaneuon* 2005 a *Casglu'r Briwsion* 2006. Aelod o dîm Merched y Wawr Dyfed ar Dalwrn y Beirdd. Mae wedi ymddeol erbyn hyn ac yn byw yng Nghrymych.

Reggie Smart. (1932–2011). Brodor o gymdogaeth Tegryn a Bwlchygroes. Ymgartrefodd yn Llandudoch am dros hanner canrif. Bu'n gweithio ar nifer o ffermydd yr ardal a gyda chwmni o adeiladwyr. Aelod o dîm y Preselau ar Dalwrn y Beirdd. Derbyniwyd i'r Orsedd hefyd a chyhoeddwyd detholiad o'i farddoniaeth, *O'r Taf i'r Teifi* flwyddyn ar ôl ei farw.

Ken Thomas. Ganed yn 1944 a'i godi yn Rhosybwlch. Bu'n gweithio ar rai o ffermydd ei filltir sgwâr cyn ymuno â gweithwyr y ffordd gyda'r Cyngor Sir. Dilynodd gwrs rhan-amser i'w gymhwyso ar gyfer y weinidogaeth a'i ordeinio yn weinidog eglwysi gofalaeth Bro Cerwyn yn 2013. Maen byw ym mhentre bach Y Mot.

Terwyn Tomos. Ganed yn ardal Bwlchygroes Sir Benfro yn 1951. Bu'n athro a phrifathro mewn ysgolion yn Sir Benfro ac yn ymgynghorydd addysg yng Ngheredigion. Un o arolygwyr ei mawrhydi gydag Estyn oddi ar 2009. Un o'r criw bychan a gychwynnodd *Clebran* yn 1974, a'r golygydd hefyd am y deng mlynedd cyntaf. Mae'n aelod o dîm Glannau Teifi ar Dalwrn y Beirdd ac yn byw yn Llandudoch.

Dafydd Williams. Brodor o Benrhyndeudraeth yn wreiddiol. Ganed ef yn 1935. Cyfreithiwr yng Nghaerfyrddin, Arberth a Hendy-gwyn. Aelod o dîm Y Sgwod a'r Rhelyw ar Dalwrn y Beirdd am dros 20 mlynedd. Wedi ymgartrefu yn Sanclêr am dros hanner canrif.

Hefin Wyn. Ganed yn 1950 a bwrw ei blentyndod ym mhentre bach Y Glog ar lan afon Taf. Bu'n ohebydd ar staff 'Y Cymro' ac yn gweithio i'r BBC a HTV am flynyddoedd cyn mynd ati'n llawn-amser i gyfieithu a llenydda. Ymhlith ei gyhoeddiadau niferus y mae *Be Bop a Lula'r Delyn Aur*, *Brwydr y Preselau* ac *Ar Drywydd Waldo ar Gewn Beic*. Mae'n byw ym mhentre Maenclochog.